Burkhard Bohne

Kräuter garten

So erntest du frische Küchenkräuter

Mit den wichtigsten **Dos** & **Don'ts**

KOSMOS

Inhalt

Do! *Don't*

→ **Mit den wichtigsten Dos und Don'ts**
für deine Kräuter und eine erfolgreiche Ernte

90 Service

Basics

für deinen Kräutergarten

Faszination Kräuter

Kräuter sind unendlich spannend. Die Schönheit der Pflanzen, die unglaublichen Düfte und vor allem die vielfältigen Verwendungsmöglichkeiten machen Kräuter zu den heimlichen Stars in jedem Garten. Einen Kräutergarten anzulegen oder Kräuter in Töpfen zu ziehen ist nicht schwer, wenn du dich auf die Pflanzen einlässt und die nötigen Basics kennst.

Kräuter machen jeden Salat zur Delikatesse. Fein abgestimmt sind sie gesund und verwöhnen den Gaumen.

Spannende Kräuterwelt

Für mich als Gärtner sind Kräuter die interessantesten Pflanzen überhaupt. Seit mehr als dreißig Jahren beschäftige ich mich mit Kräutern, Kräutergärten und deren Geschichte. Und das Schönste ist: Das Interesse wird nie weniger. Ganz im Gegenteil, je tiefer ich in die Thematik eindringe, umso spannender wird's. Und dabei sind Kräuter keineswegs nur ein Trend – Kräuter begleiten uns Menschen schon immer. Sei es in der Küche oder in der Heilkunde: Kräuter waren und sind einfach nicht wegzudenken. Früher wurden Kräuter ausschließlich in der Natur gesammelt. Die Menschen wussten, wo sie die gewünschten Kräuter finden konnten und wie diese zu verwenden waren. Das änderte sich ab dem Mittelalter, denn in den Klöstern wurden Kräuter erstmals in den Gärten angebaut. Heute profitieren wir von den Erfahrungen in den Klöstern, denn es ist mittlerweile schwerer denn je, die gewünschten Kräuter in unserer Kulturlandschaft zu finden.

Kräuter im Garten

Für Kräuter gibt es auch in deinem Garten den richtigen Platz. Begleite mich durch dieses wunderschöne Buch und schon kann es losgehen. Lasse dich inspirieren und ich bin sicher, dieses Thema wird auch dich schon bald nicht mehr loslassen. Alles, was du brauchst, ist etwas Neugier, ein bisschen Geduld und ein Fleckchen Erde. Egal, ob im Garten, im Hochbeet, auf dem Balkon oder

der Terrasse, für Kräuter ist fast überall Platz. Du musst nur wissen, was sie für Ansprüche an Licht, Boden und Wasser haben. Und wenn dein Standort zu den Kräutern passt, kann es losgehen. Am besten liest du kurz nach, woher die Kräuter ursprünglich stammen. So kannst du schnell überblicken, ob du die passenden Bedingungen zu Hause hast. Das Basiswissen für deinen Kräutergarten erfährst du auf den nächsten Seiten. Besonders wichtig ist es, dass alle Kräuter genügend Platz im Garten bekommen, denn nur dann können sie sich frei entfalten. Wenn die Kräuter erst wachsen, heißt es richtig pflegen. Dazu gehören gießen, düngen und natürlich auch jäten (siehe S. 30 ff.). Die meisten Kräuter wachsen recht schnell und du kannst bald ernten. Da ist es wichtig zu wissen, welche Pflanzenteile von deinen Kräutern verwendbar sind (siehe S. 42 ff.). Ob frisch oder getrocknet, Kräuter würzen unsere Speisen und helfen uns, gesund zu bleiben.

Mein Tipp

Wenn du die Kräuter als Jungpflanzen kaufst, hast du schnell deine Wunschpflanzen im Topf oder Garten beisammen. Die Aussaat braucht ein bisschen mehr Zeit und Erfahrung, macht aber auch sehr viel Spaß.

Ein Kräuterstrauß aus dem Garten voller Aroma: mit Rosmarin, Thymian und Minze.

Damit macht die Arbeit Spaß

Das richtige Gartengerät hilft uns bei der Arbeit und erhält die Freude daran. Es ist nicht notwendig, jedes Gartengerät gleich zu kaufen. Teste es lieber bei Freunden und Nachbarn und schaffe dann die richtigen Geräte für deinen persönlichen Bedarf an.

Kleingeräte – das A und O im Kräutergarten

Zum Pflanzen von Kräutern brauchst du unbedingt eine Handschaufel. Sie werden aus Stahl oder Edelstahl geschmiedet und haben meist einen Holzgriff. Handschaufeln gibt es in verschiedenen Größen – suche dir die für dich am besten geeignete aus. Ernte und Rückschnitt: ohne Gartenschere geht es nicht. Sie muss zu deiner Handgröße passen und gut in der Hand liegen, sollte hochwertig, immer scharf, leicht gängig und sauber sein. Einfache Küchenmesser werden zum Schneiden von Blüten und Früchten benötigt und helfen beim Jäten. Hochwertige Spezialmesser lohnen sich, wenn du Stecklinge nehmen möchtest. Eine Gießkanne brauchst du immer; wähle am besten eine mit abnehmbaren Brausekopf.

Gartengeräte für die Bodenbearbeitung

Der Spaten ist eines der im Garten am meisten gebrauchten Geräte. Er wird vielseitig eingesetzt und sollte stabil und nicht zu schwer sein. Der Grabespaten wird zum Umgraben und Ausheben von Pflanzlöchern benötigt. Er ist aus einem Stück geschmiedet, besonders gerade geformt und daher optimal zum Stechen in den Boden geeignet. Ein guter Grabespaten hat einen stabilen Eschenholzstiel mit einem T-förmigen Griff.
Leichte, sandige Böden müssen nicht unbedingt umgegraben werden. Zur tiefen und schonenden Lockerung dieser Böden reicht meist der Sauzahn. Der Sauzahn ist ein einfach geschmiedeter Haken, der an einem Holzgriff tief durch den Boden gezogen wird. Ebenfalls

Messer gehören zum wichtigsten Equipment im Garten. Sie sollten stets scharf und sauber sein.

Harke, Spaten, Kultivator, Grabegabel und Rechen sind die wichtigsten Geräte für die Bodenbearbeitung.

Handrechen, Gartenschere, Hand- oder Pflanzschaufel und eine kleine Harke zählen zu den Basics aller Gartengeräte.

zur Grundausstattung gehören Schaufel und Grabegabel. Schaufeln werden zum Verteilen von Erde und Sand benötigt und die Grabegabel z. B. zum Ausheben größerer Pflanzen. Zur fachgerechten Bodenbearbeitung darf natürlich die Harke nicht fehlen. Sie dient dazu, die Beete glattzuziehen und sorgt dabei für eine krümelige Bodenstruktur. Sind die Beete bepflanzt, muss der Boden von Wildkräutern freigehalten werden: Leichte Böden kannst du gut hacken, bei schwereren wird der dreizackige Kultivator eingesetzt.

Ein wenig Pflege muss sein

Das beste Gartengerät nützt nichts, wenn es verschmutzt ist. Gartengeräte sollten nach jedem Einsatz gepflegt werden. Entferne nach jeder Nutzung Reste von Erde und öle die Geräte ein wenig ein, wenn du sie für längere Zeit nicht brauchst. Scheren und Messer müssen immer scharf und sauber sein, so geht die Arbeit gut von der Hand. Die Pflanzen werden es dir danken, denn sie vertragen den Schnitt besser.

Do!

Gerätepflege: nach getaner Arbeit werden alle Gartengeräte gereinigt. Dazu brauchst du eine Bürste und etwas Wasser, um die Reste von Erde an den Geräten zu entfernen. Holzstiele und blanker Stahl werden vor dem Winter mit Leinöl eingerieben.

Kräuter wachsen fast überall

Egal, ob im Gemüsebeet, in der Blumenrabatte, in der Kräuterspirale, im Hochbeet, im Topf oder Kasten, Kräuter fühlen sich überall wohl. Standort, Boden und Pflanzkombinationen müssen gut passen, dann wird jeder Platz zum Kräuterparadies.

Kräuter im Garten

In jedem Garten ist genug Platz für verschiedene Kräuter. Du kannst sie z. B. im Gemüsegarten anbauen, wenn der Boden und die Lichtverhältnisse dazu passen. Am einfachsten ist es, sie dort in Reihen zu säen, das gilt besonders für einjährige Kräuter wie Dill, Borretsch oder Kerbel. Sie wachsen schnell und können bald geerntet werden. Das ist hilfreich, denn das Gemüsebeet wird mehrfach im Jahr neu bestellt. Einige Kräuter, wie z. B. Ringelblumen oder Bohnenkraut, eignen sich sehr gut für Mischkulturen, denn ihre Inhaltsstoffe halten Krankheiten und Schädlinge vom Gemüse fern. Es gibt viele Beispiele dafür, du findest sie in Tabellen von Mischkulturen. Salbei, Thymian oder Lavendel wachsen im Steingarten und auch in der Kräuterspirale. Außerdem eignen sie sich prima als kleine Heckenpflanzen im Gemüsebeet. Schattenliebende Kräuter wie Bärlauch oder Waldmeister kannst du unter Gehölze pflanzen und dort verwildern lassen.

Kräuter sind attraktiv und wachsen gern in Gesellschaft. Sie dürfen im Garten nicht fehlen.

Kräuter in Töpfen und Kästen

Balkon und Terrasse avancieren zum beliebten Wohnraum im Grünen und sind oft Ausdruck von Individualität und Lebensgefühl. Da dürfen Kräuter und andere Nutzpflanzen nicht fehlen. Wenn es gut gemacht ist, können Kräuter auf Balkonen und Terrassen auch einen aktiven Beitrag für den Erhalt der Artenvielfalt der Pflanzen- und Insektenwelt leisten. Außerdem gibt es satte Ernten für die Küche und das Ganze auf kleinstem Raum.

Mediterrane Kräuter wachsen gut in Terrakotta, dort werden die Wurzeln mit Luft und Wärme versorgt.

Thymian liebt trockene, warme Standorte und wächst perfekt im Steingarten oder auf der Kräuterspirale.

Mischkulturen aus Kräutern und Gemüse helfen allen Pflanzen, das gilt auch im Hochbeet.

Der richtige Platz für jedes Kraut

Mein Tipp

Steingärten oder Kräuterspiralen sind ideale Standorte für wärmeliebende Kräuter. Wenn sie aus Kalksteinen gebaut werden, löst sich der Kalk langsam heraus und der Boden bleibt im alkalischen Bereich – gut für die Kräuter.

Auf den Standort kommt es an

Kräuter haben zum Teil sehr unterschiedliche Ansprüche an Standort und Boden, aber auch an Feuchtigkeit. Zahlreiche einheimische Kräuter wie Kümmel, Schafgarbe oder auch die Malve mögen nahrhafte Böden in sonniger Lage, andere wie Bärlauch, Liebstöckel oder Minzen kommen auch mit Halbschatten zurecht und mögen es eher feucht. Die aromatischen Kräuter des Mittelmeers wie Thymian, Salbei oder Lavendel lieben viel Sonne und brauchen einen durchlässigen, nicht ganz so nährstoffreichen Boden. Außerdem gibt es noch die Gruppe der bei uns nicht winterfesten Kräuter – sie werden am besten im Topf gehalten und benötigen fast immer ein helles und frostfreies Winterquartier.

Kennst du die Bedürfnisse deiner Pflanzen, kannst du leicht den besten Standort im Garten finden. Damit hast du schon die wichtigste Grundlage für das Wachstum von gesunden Kräutern geschaffen.

Allgemein gilt: Die meisten Kräuter sind sehr dankbar für viel Sonne und Wärme. Ein nahezu idealer Standort ist folglich die Südwand des Hauses oder einer Mauer. Vor Wind- oder Frostschäden schützen zusätzlich Hecken. Einige wenige Kräuter bevorzugen halbschattige oder schattige Plätze – sie wachsen am besten an Säumen von Hecken oder unter Bäumen. Topf- oder Kübelkräuter sind auf der Süd- oder Westterrasse bestens aufgehoben.

Der passende Boden

Genau so unterschiedlich wie die Standortansprüche der verschiedenen Kräuter sind auch ihre Ansprüche an den Boden. Grundsätzlich gilt: Die Gruppe der mediterranen Kräuter braucht einen sehr durchlässigen und mageren Boden, Staunässe vertragen sie überhaupt nicht. Die Vielzahl unserer einheimischen Kräuter dagegen mag nahrhafte Böden, die ausreichend Nährstoffe und Feuchtigkeit halten können. Topfpflanzen und Kübel sollten mit der bestmöglichen Erde versorgt werden, denn sie haben den kleinsten Wurzelraum und die Pflanzen bleiben oft über Jahre im selben Topf.

Die meisten Kräuter mögen einen sonnigen, warmen und vor Wind geschützten Platz im Garten.

Standortansprüche der verschiedenen Kräuter

Standort	Passende Kräuter
Sonne	Andorn, Anis, Anis-Ysop, Basilikum, Borretsch, Curry-Strauch, Dill, Duftgeranie, Fenchel, Frucht-Salbei, Gewürz-Tagetes, Indianernessel, Kamille, Kapuzinerkresse, Katzenminze, Kerbel, Knoblauch, Kornblume, Kresse, Kümmel, Lavendel, Lorbeer, Majoran, Malve, Minze, Nachtkerze, Olivenkraut, Oregano, Ringelblume, Rosmarin, Rucola, Salbei, Schnittlauch, Thymian, Ysop, Zitronenmelisse, Zitronenverbene
Halbschatten	Basilikum, Frucht-Salbei, Indianernessel, Kapuzinerkresse, Kerbel, Kresse, Kümmel, Minze, Nachtkerze, Petersilie, Schnittlauch, Veilchen, Zitronengras
Schatten	Bärlauch, Waldmeister

Hochbeet

aus Paletten bauen

Paletten ausrichten und verschrauben

Beet mit Erde füllen

Kokostöpfe an den Rändern einsetzen

Hochbeete sind praktisch und an vielen Stellen sinnvoll, denn sie schaffen günstige Wachstumsbedingungen gerade für Kräuter. Die verwendeten Baumaterialien kannst du leicht beschaffen und die Füllung mit der passenden Erde sorgt für ein gesundes Wachstum deiner Pflanzen.

Der richtige Platz

Grundsätzlich können Hochbeete überall gebaut werden - wichtig ist nur die ausreichende Besonnung des Standorts. Die Länge der Beete ist beliebig, ihre Breite sollte höchstens einen Meter betragen, damit man alle Pflanzen gut erreichen kann. Die Mindesthöhe von Hochbeeten beträgt 40 cm.

Wärme satt

Kaum ist das Hochbeet aufgefüllt, beginnt auch schon der Rotteprozess in seinem Inneren. Dabei werden langsam Nährstoffe freigesetzt und es entsteht Wärme - ideale Bedingungen für das gesunde Wachstum von Kräutern. Ein weiterer Pluspunkt von Hochbeeten ist, dass überschüssiges Wasser schnell abfließt. Ein Hochbeet kann etwa drei Jahre genutzt werden, spätestens dann sollte die Füllung ergänzt oder erneuert werden..

Hochbeet bauen

Die Europaletten werden im rechten Winkel auf den Boden gestellt und miteinander verschraubt. Damit die Erde im Beet bleibt, werden die Paletten mit Kokosmatten abgedichtet. Jetzt wird eine etwa 10 cm starke Schicht Reisig eingefüllt, damit überschüssige Feuchtigkeit später gut versickern kann. Auf das Reisig kommt eine Laubschicht und darauf Kompost, alternativ Pflanzerde. Jetzt ist das Beet bereits halb gefüllt und es folgt eine dicke Schicht Mutterboden. Bei der Auswahl des Mutterbodens werden die Bedürfnisse der Kräuter berücksichtigt. Mediterrane Kräuter bevorzugen in der Regel mageren (sandigen) Boden, einheimische Kräuter eher nahrhaften. Als letzte Schicht kann wiederum Kompost oder Pflanzerde aufgetragen werden.

Das brauchst du

Gesunde Pflanzen

Achte beim Einkauf besonders auf die Qualität und Gesundheit der Pflanzen: Sie sollten immer frei von Krankheiten und Schädlingen sein, Blätter und Triebe sollten fest sein und einen gesunden Eindruck machen. Kaufe keine Pflanzen mit verfärbten oder welken Blättern und betrachte auch die Blattunterseiten sehr genau: Pilzbefall oder Insekten und deren Eier haben auf Kräutern nichts verloren. Schaue dir auch die Wurzeln an, nimm dafür die Pflanzen ruhig aus dem Topf. Die Erde muss gut durchwurzelt sein, gesunde Wurzeln sind weiß oder cremefarben. Wenn zwischen den Wurzeln keine Erde mehr zu sehen ist, waren die Kräuter zu lange im Topf und werden später im Beet schlechter anwachsen. Die Erde auf dem Topf sollte einen frischen Eindruck machen und dabei frei von Unkraut, Algen und Moos sein.

Kräuter, die in Kokostöpfen stehen, kannst du direkt einpflanzen. Die Kokosfasern werden von den Bodenorganismen mit der Zeit zersetzt.

Verholzende Kräuter wie Salbei, Lavendel oder Rosmarin sollten nicht allzu verholzt sein, denn ältere Pflanzen haben kaum Zuwachs und tun sich im Garten dann schwer.

Frage nach, ob die Pflanzen direkt aus der Produktion kommen oder schon abgehärtet sind. Das ist wichtig – kommen sie direkt aus der Produktion, müssen sie unbedingt abgehärtet werden: Dazu werden die Kräuter einige Tage im Garten in den Schatten gestellt und dort können sie sich gut akklimatisieren. Ohne das Abhärten kann es zu Sonnenbrand auf den Blättern kommen und deine Pflanzen können daran eingehen.

Erden und Substrate

Die Erde ist das Allerwichtigste. Kein Kraut wächst ohne Erde, und nicht jede Erde ist für alle Pflanzen gleich gut geeignet. Ganz wichtig: Die Erde muss Wasser und Luft speichern können und die für das Wachstum der Pflanzen notwendigen Nährstoffe enthalten. Wenn du im Beet oder Hochbeet gärtnerst, kannst du den Boden stetig verbessern. Dazu muss er, wann immer es geht, mit organischen Materialien versorgt werden. Du kannst Kompost ein-

Kräftige Kräuterjungpflanzen erkennst du sehr einfach an einem gut durchwurzelten Ballen im Topf.

Eine gesunde Melisse-Pflanze mit kompaktem, gleichmäßigem Wuchs und durchgehend grün gefärbten Blättern

arbeiten, so oft wie möglich Gründünger säen oder auch mulchen.
Für Töpfe und Kästen gibt es eine Vielzahl von Erden (Substraten) auf dem Markt. Beliebt sind Komposterden und in zunehmendem Maß auch Schwarzerde wie Terra Preta. Diese Erden sind voller organischer Substanzen, die durch die Tätigkeit von Mikroorganismen zu pflanzenverfügbaren Nährelementen umgesetzt werden. Nach zwei bis drei Jahren ist der Nährstoffvorrat dieser Erden erschöpft und es ist wichtig, dass du dann umtopfst (Kräuter topfen siehe S. 22).
Aussaaten oder ganz junge Pflanzen vertragen wenige oder gar keine Nährstoffe.
Für die Pflanzenvermehrung brauchst du daher in jedem Fall eine Anzuchterde. Sie ist nährstoffarm und fördert so das Wachstum junger Wurzeln. Anzuchterde wird häufig auch als Kräutererde verkauft. Daher müssen Kräuter in dieser Erde zumindest während des Hauptwachstums regelmäßig mit flüssigem Dünger versorgt werden (Kräuter düngen siehe S. 36).

Kräuter einkaufen – Check

- Pflanze ist rundum gleichmäßig gewachsen
- Blätter und Triebe sind fest und vital
- Keine Flecken, keine Insekten auf den Blättern und Trieben
- Erde im Topf ist leicht feucht, nicht zu nass oder zu trocken
- Es wachsen keine Algen, Flechten oder Moos auf der Erde
- Wurzeln im Topf sind weiß oder cremefarben

001 **Aussaat:** Schritt für Schritt Kräuter selbst ziehen

Kräuterbeet vorbereiten

Wachstum und Gesundheit deiner Kräuter hängen entscheidend vom Boden ab. Luft, Wasser und Nährstoffe müssen ausreichend vorhanden sein. Aus diesem Grund ist die gute Vorbereitung deines Kräuterbeets wichtig.

Bodenart bestimmen

Mache zuerst eine kurze Bodenprobe: drücke eine Handvoll leicht feuchter Erde aus deinem Beet (aus ca. 30 cm Tiefe) zwischen den Händen zusammen.

- Lockerer, humusreicher Boden ist krümelig und hält zusammen, ohne zu kleben oder auseinanderzufallen.
- Leichter, sandiger Boden, der nicht zusammenhält, sondern zwischen deinen Fingern davonrieselt, ist sehr locker. Er eignet sich für Kräuter, die warme, trockene und nährstoffarme Böden mögen, wie z. B. Andorn, Fenchel, Kamille, Lavendel, Oregano, Rosmarin, Salbei oder Thymian.
- Schwerer Boden, der an deinen Händen klebt und mit dem du ohne Weiteres eine Rolle oder Kugel formen kannst, enthält viel Ton.

Wenn du Glück hast, hast du einen humosen, leicht lehmigen Boden. Er ist nährstoffreich und du kannst Kräuter wie z. B. Basilikum, Borretsch, Dill, Kapuzinerkresse, Melisse, Minze, Petersilie oder Ringelblumen pflanzen.

Schwere Böden auflockern

Besonders schwere Böden neigen zum Verdichten und dann bekommen die Wurzeln der Pflanzen keine Luft mehr; außerdem können sie die Nährstoffe aus dem Boden nicht mehr so gut aufnehmen. Besonders wirksam ist bei schweren Böden das Umgraben, denn dabei gelangt viel Sauerstoff in tiefere Schichten des Bodens. Die Beete werden meist im Herbst umgegraben und bleiben den Winter über brach liegen. Wird es dann frostig, zerfallen die Erdschollen und der Boden wird schön krümelig. Auf besonders schweren Böden kannst du vor dem Umgraben auch Sand verteilen.

Beet vorbereiten

Vor dem Pflanzen wird die Erde fein geharkt. Die Erdoberfläche wird dabei noch einmal aufgerissen und größere Erdbrocken werden zerkleinert. Es entstehen feinkrümelige Pflanzbeete, auf denen sich Kräuter richtig wohlfühlen. Das Harken und später Hacken ist wichtig, um keimende Wildkräuter aus dem Beet zu entfernen und sie am Wachstum zu

Phacelia oder Bienenfreund ist ein verträglicher Gründünger und Nahrung für Insekten zugleich.

Mit der Grabegabel kannst du den Boden tief lockern, ohne die Erdschollen zu wenden.

Mein Tipp: Verteile im Herbst Kompost oder Pflanzerde auf dem Beet und arbeite dieses im Frühjahr mit einer Harke leicht in den Boden ein.

hindern - auch, um Wasser zu sparen. Denn bei aufgelockerter Erdoberfläche kann nicht mehr so viel Wasser aus tieferen Bodenschichten verdunsten und steht damit den Pflanzen zur Verfügung.

⟶ Besonders im biologischen Anbau wird der Sauzahn zur Lockerung eher leichter Böden eingesetzt. Er wird kreuz und quer und auch diagonal durch den Boden gezogen, so gelangt viel Luft in die unteren Bodenschichten und die Pflanzenwurzeln haben es später leichter.

Gründünger, wo immer es geht

Es lohnt sich immer, Gründünger als Zwischenfrucht auszusäen. Buchweizen, Tagetes, Phacelia, Lupinen, Senf oder Raps wachsen schnell und bereichern das Bodenleben. Wenn der Gründünger auf den Beeten nicht mehr benötigt wird, kann er untergegraben oder als Mulch verwendet werden.

Don't

Das Mulchen mit lockerem, trockenem Laub oder zerkleinertem Reisig ist eine gute Sache (siehe S. 35). Aber alles, was frisch geschnitten ist und auf dem Beet verteilt wird, wie z. B. Rasenschnitt, kann auf dem feuchten Boden faulen und ist als Mulchmaterial nicht geeignet.

002

Bodenprobe:
Die Bilderfolge zeigt, wie du in deinem Garten eine Bodenprobe entnimmst.

Ab ins Beet!

Kräutergärten werden am besten im Frühjahr oder Herbst neu angelegt und bepflanzt. Ideal für das Einpflanzen ist ein bedeckter Tag. Ist das Beet gut vorbereitet (siehe S. 18) und sind deine Pflanzen ggf. für den Umzug nach draußen abgehärtet (siehe S. 16), kann es losgehen. Stelle dir vor dem Einpflanzen alles Nötige (Gerätschaften, Zubehör, die Pflanzen in den Töpfen) zusammen, dann geht es hinterher schneller von der Hand.

Beim Pflanzen kommt es auf die richtige Tiefe im Beet an. Der Wurzelballen soll danach dünn mit Erde abgedeckt sein.

So geht's

- Vor dem Auspflanzen werden die Töpfe gut gewässert, die Wurzeln saugen das Wasser auf und die Pflanzen wachsen besser an.
- Pflanzen ausstellen: Zuerst den Pflanzabstand festlegen und entsprechende Löcher mit der Pflanzschaufel oder dem Spaten ausheben. Sie müssen wenigstens doppelt so groß wie die Wurzelballen der Kräuter sein.
- Pflanzen austopfen: Hebe die Kräuter vorsichtig aus den Töpfen. Leichtes Klopfen auf den Topfboden hilft, wenn die Pflanzen zu stark eingewurzelt sind.
- Pflanzen einsetzen: Der Wurzelballen wird in das Pflanzloch gehalten. Wichtig ist, dass das Kraut nicht in der Erde verschwindet oder der Ballen zu hoch steht.
- Pflanzloch schließen: Das Pflanzloch wird nun mit lockerer Erde aufgefüllt. Die Erde wird vorsichtig angedrückt und zu einem Gießrand geformt.
- Erde einebnen: Nach dem Pflanzen wird die überschüssige Erde im Beet verteilt; anschließend gut wässern und fertig ist das Kräuterbeet.

Wenn die Kräuter wuchern

Viele Kräuter wie Oregano, Zitronenmelisse oder Minzen wachsen sehr stark und bedrängen schnell ihre Nachbarn. Manche bilden so starke Wurzelausläufer, dass die anderen Pflanzen regelrecht verdrängt werden. Da hilft nur eins: Diese Kräuter in Extrabeete oder Kübel pflanzen oder sie mit einer Rhizomsperre versehen. Die Rhizomsperre ist eine

Damit sich alle Kräuter gut entwickeln, beachte den Pflanzenabstand. Setze sie so, dass sie auch als ausgewachsene Pflanzen genug Platz im Beet haben.

unterirdische Wurzelsperre und reicht wenigstens 40 cm, besser 60 cm, tief in die Erde. Besonders einfach ist es, in Streifen geschnittene Teichfolie als Rhizomsperre zu verwenden. Es können auch Töpfe oder Maurerkübel im Boden durchlöchert und als Wurzelsperre eingesetzt werden (siehe auch S. 82).

Kräuterbeete einfassen

Viele Kräuter sind stark wüchsig und neigen häufig dazu, aus ihren Beeten auszubrechen. Soll die Form des Beetes langfristig erhalten bleiben, können Beeteinfassungen helfen. Die klassische Variante ist die Einfassung aus Stein. Betonsteine sind am günstigsten, viel schöner sind aber Naturmaterialien wie Basalt oder Sandstein. Damit die Einfassungen aus Stein möglichst lange in Form bleiben, werden sie in ein Mörtelbett gelegt. Auch niedrige Flechtzäune können als Beeteinfassung dienen. Sie sind flexibel, günstig und wirken interessant. Stilecht im modernen Garten sind Einfassungen aus Blech. Je nach Geschmack können 30 bis 40 cm breite Streifen aus Edel- oder Cortenstahl versenkt werden.

Do!

Nach der Pflanzung muss gut angegossen werden, sodass die Erde mindestens 20 cm tief durchfeuchtet wird. Dabei wird die lockere Erde an den Wurzelballen gespült und die Kräuter wachsen schneller an.

003 **Mischkultur und Fruchtfolge:** So bleiben die Kräuter gesund und bringen viel Ernte.

Kräuter topfen

Das richtige Gefäß

Kräuter im Kübel sind vielseitig verwendbar und bleiben viele Jahre schön. Einheitliche Kübel bringen Struktur in den Garten, auf den Balkon und die Terrasse und strahlen Ruhe und Harmonie aus. Egal, ob Terrakotta, Holz, Kunststoff oder Blech, alle Arten von Töpfen sind erlaubt und für Kräuter gut geeignet. Terrakotta ist langlebig und bei hoher Qualität auch frostfest. Kunststoff- oder Blechgefäße sind schön leicht und einfach zu transportieren und Holzgefäße sind besonders standfest.

Kräuter in Töpfen sind praktisch und zieren Balkon und Terrasse. Beachte bei einem Weidenkorb, dass er nicht mit der feuchten Erde in Berührung kommt.

So wird getopft

Der beste Zeitpunkt ist ein warmer Tag im Frühjahr: Dann werden die neu gekauften Kräuter umgetopft oder in Kästen gepflanzt. Die Größe der Gefäße orientiert sich an dem erwarteten Zuwachs der Kräuter. Neue Töpfe sollten im Durchmesser mindestens 4 cm größer als die alten sein, im Kasten hängt der Pflanzabstand von dem Zuwachs der Kräuter ab. Wenn du mehrere Kräuter in einem Gefäß zusammensetzen möchtest, verwende nur Arten, die ähnliche Ansprüche an Sonne, Wasser und Nährstoffe haben.
Als Substrat zum Ein- und Umtopfen sind hochwertige Pflanz- oder Kräutererden gut geeignet.
Als Erstes werden die Löcher im Boden der Gefäße mit Kieselsteinen oder Tonscherben abgedeckt, danach wird etwas Erde eingefüllt. Jetzt kannst du die Kräuter in das Gefäß setzen und dieses dann bis zum Rand mit Erde auffüllen. Durch leichtes Andrücken entsteht ein praktischer Gießrand um jede Pflanze. Ganz zum Schluss kommen die Gefäße an ihren Platz und werden angegossen.

Topfkräuter umtopfen

Kräuter, die im Kübel wachsen, müssen alle zwei bis drei Jahre umgetopft werden, weil die Nährstoffreserven der Erde im Topf zur Neige gehen und sie auch nicht mehr genug Wasser speichern kann. Das Frühjahr ist zum Umtopfen von älteren mehrjährigen Kräutern wie Lavendel, Rosmarin oder Zitronenstrauch die beste Zeit. Wenn sie aus dem Winterquartier

Rosmarin steht über viele Jahre im Topf und braucht beim Umtopfen deutlich größere Gefäße.

Mediterrane Kräuter benötigen ein lockeres, luftdurchlässiges Substrat. Daher wird der Erde beim Topfen etwas Sand beigemischt.

kommen, sind sie für mehr Platz im Topf und frische Erde sehr dankbar.
So geht's: Der ganze Erdballen wird aus dem alten Gefäß genommen, verbrauchte Erde und abgestorbene Wurzeln werden weitestgehend entfernt. Stark verfilzte Wurzelballen können mit der Hand oder einem scharfen, sauberen Messer etwas angerissen bzw. eingeschnitten werden. Dann auf den Grund des Topfes etwas Kies oder einige Tonscherben und eine dünne Schicht Erde füllen. Darauf die Pflanze setzen und die Zwischenräume mit Erde füllen. Zum Schluss die Ränder etwas andrücken, die Pflanze an ihren Platz stellen und kräftig angießen.

Kräuter in Töpfen und Kübeln brauchen mehr Pflege

Besonders Topfkräuter benötigen regelmäßig Wasser. Es ist gut, sie gründlich zu gießen und den Ballen dann wieder abtrocknen zu lassen. Etwa ab vier Wochen nach dem Eintopfen müssen Kräuter regelmäßig nachgedüngt werden. Ein Flüssigdünger ist hierfür praktisch, denn er ist günstig und einfach zu dosieren.

Mein Tipp

Mediterrane Kräuter vertragen es nicht, wenn die Wurzeln über längere Zeit in kühler, nasser Erde stehen oder zu wenig Luft bekommen. Deshalb verwende ich für mediterrane Kräuter gern Terrakottagefäße. Deren Wände haben feine Poren, so kann überschüssiges Wasser verdunsten und die Wurzeln werden gut belüftet.

004 **Kräuter vegetativ vermehren:** Durch Stecklinge und Teilung geht das einfach.

Nützlinge fördern, Kräuterbrühen einsetzen

Unter Nützlingen verstehen wir Kleintiere, Insekten oder auch Spinnentiere, die uns auf natürlichem Weg bei der Gartenarbeit unterstützen. Sie fressen Schädlinge, bestäuben Nutzpflanzen, durchlüften den Boden und sorgen für ein gutes biologisches Gleichgewicht. Schon der Anbau von heimischen Pflanzen und Verzicht auf synthetische Pflanzenschutzmittel reichen aus, um Nützlinge in den Garten zu locken. Totholzhaufen, liegen gelassenes Laub oder Schnittgut bieten vielen Nützlingen einen geeigneten Lebensraum. Die Ansiedlung von Nützlingen kann durch das Aufstellen von Tränken und passenden Behausungen (z. B. Nistkästen für Vögel, Fledermauskästen, Insektenhotels) gefördert werden.

Kräuterbrühe herstellen

Kräuterjauchen aus Lavendel, Thymian und Salbei schützen deine Pflanzen vor Schädlingen; Schachtelhalm wirkt vorbeugend gegen Pilzkrankheiten. Gib in einen Eimer frische, klein geschnittene Kräutertriebe, bis er halbvoll ist. Fülle den Eimer mit Regenwasser oder abgestandenem Leitungswasser auf. Zwei Wochen an einem schattigen Platz mit einem Gitter abgedeckt stehen lassen, regelmäßig umrühren. Abseihen und den Sud mit 10 Teilen Wasser verdünnt ausbringen.

Vögel 1

Singvögel vertilgen eine beachtenswerte Zahl an Schadinsekten. Sie dezimieren auch Frostspanner-Raupen und Gespinstmotten an Obstbäumen. Nisthilfen sowie einheimische Sträucher und Bäume können helfen, dass sie dauerhaft in deinem Garten bleiben.

Igel 2

Tagsüber verstecken sich Igel gern im Gebüsch, nachts fressen sie Engerlinge, Schnecken, Würmer, Käfer und Insektenlarven. Du kannst die Ansiedlung von Igeln fördern, wenn du in geschützten Ecken im Garten unter Sträuchern Laub- oder Reisighaufen aufschichtest.

Eidechsen 3

Eidechsen brauchen ein sonnig-warmes Klima. Sie leben im Schutz von Steinhaufen oder Totholz und jagen Insekten, Raupen und Würmer. Einige locker geschichtete, größere Steine an einem sonnigen Platz, in der Nähe ein paar Stauden oder Sträucher als Versteck, reichen schon aus.

Marienkäfer 4

Marienkäfer verstecken sich gern im Stroh im Marienkäferhaus und dezimieren Blattläuse. Dabei fressen die schwarz-orangefarbenen Larven noch mehr Blattläuse als die erwachsenen Tiere. Sie überwintern im Falllaub.

1

2

3

4

Kräuter ernten

Das Aroma des Sommers

Lavendel: Blüten mit Stil abschneiden, gebündelt trocknen, dann Blüten abstreifen

Salbei: Blätter einzeln abknipsen

Kamille: Ganze Triebe ernten, Blüten dann abnehmen

Das Schönste am Sommer ist die Ernte im eigenen Kräutergarten. Wenn du darauf achtest, dass die Blätter, Blüten und Früchte zu unterschiedlichen Zeiten geerntet werden, dann können deine Kräuter ihre volle Wirkung entfalten.

Wie wird geerntet?

Geerntet werden nur gesunde und saubere Pflanzenteile, und, egal, ob Blätter, Blüten oder Früchte, es sollten immer nur so wenige Pflanzenteile geerntet werden, dass die Kräuter vital bleiben.

So werden Blätter geerntet

Viele Kräuter sind mehrjährige Stauden, z. B. Minzen, Zitronenmelisse oder Oregano. Ihre Blätter sind aromatisch und kurz vor der Blüte ist ihr Aroma besonders intensiv. Dann werden die Blätter einzeln gepflückt oder es werden ganze Triebe direkt über dem Erdboden abgeschnitten und gebündelt. Die Pflanzen treiben nach dem Schnitt wieder aus und können noch einmal geerntet werden.
Salbei, Ysop oder Thymian sind Halbsträucher und werden nur einmal kurz vor der Blüte geschnitten. Einzelne Blätter werden bei Bedarf frisch gepflückt.

Die Ernte von Blüten und Samen

Blüten werden geerntet, wenn sie voll erblüht sind. Borretsch, Malven oder Ringelblumen werden einzeln gepflückt, bei der Kamille ist es oft einfacher, alle oberirdischen Pflanzenteile abzuschneiden und später die Blüten abzuzupfen. Lavendelblüten werden geerntet, wenn die Blütenstände vollständig erblüht sind. Dazu werden sie mit Stil abgeschnitten und zum Trocknen gebündelt.
Bei Kümmel, Fenchel, Anis oder Koriander werden ganze Fruchtstände geerntet, am besten, wenn die Samen fast von allein abfallen. Die Dolden werden auf Papier ausgelegt, um dann weiter zu trocknen. Dabei reifen die Samen nach, fallen bald ab und können gut eingesammelt werden.

Do!

Messer oder Scheren, die du für die Ernte verwendest, müssen scharf und sauber sein. Am besten ist es, wenn du die Klingen auch desinfizierst. So bleiben die Schnittstellen an den Pflanzenteilen klein und du verhinderst Infektionen mit Bakterien oder Pilzsporen.

005 **Erntegut und -zeit wichtiger Kräuter:** Was und wann du von Anis-Ysop bis Zitronenverbene ernten kannst.

Vielfalt genießen

Kochen mit Kräutern

Jedes Kraut hat sein ganz eigenes Aroma. In der Küche kannst du Kräuter einzeln verwenden und natürlich auch kombinieren. Säuerlich schmeckende Kräuter wie Zitronenmelisse oder Borretsch passen zu Frühlingssalaten. Süß-aromatische Kräuter, z. B. Fenchel, Anis-Ysop oder Zitronenverbene, eignen sich für einen Teeaufguss und für den Ansatz von Kräuterlimonade. Scharf-würzige Kräuter wie Basilikum, Schnittlauch oder Petersilie werden am besten klein gehackt und roh verwendet. Sie verfeinern Suppen, Pesto-Mischungen und Salate. Kräftig-würzige Kräuter wie Rosmarin, Oregano, Thymian oder Ysop werden mitgekocht und würzen schwer verdauliche Gerichte. Bitter-aromatische Kräuter wie Andorn regen die Magensaftbildung an und helfen so bei der Verdauung fettiger Speisen. Alle Kräuter können frisch im Garten geerntet und direkt verwendet werden. Falls nötig, werden die Kräuter in der Küche gewaschen und vorsichtig abgetrocknet. Kräuter für Tees oder Salate werden grob zerteilt, die Kräuter für Suppen oder Soßen fein geschnitten.

Für Kräutertees werden frische oder getrocknete Kräuter mit kochendem Wasser aufgegossen.

Kräutertee – frisch aufgebrüht

Kräuter können vielfältig verwendet werden, doch ihre beste Wirkung erzielen sie als Tee. Ein Teeaufguss kann aus frischen oder getrockneten Pflanzenteilen zubereitet werden. Dazu kommen jeweils 6 Esslöffel frische Kräuter (getrocknete Kräuter: 2 Esslöffel) auf 1 Liter Wasser. Erst werden die Kräuter in eine saubere Teekanne gegeben und dann mit dem kochenden Wasser überbrüht. Den Aufguss umrühren, abgedeckt 10 Minuten stehen lassen und dann absieben. Für den Aufguss mit frischen Kräutern lohnt die Anschaffung einer hitzebeständigen Karaffe aus Glas mit einem Siebdrücker (siehe Foto links).

Zum Trocknen kannst du Kräutersträuße binden und an warmen, luftigen Plätzen aufhängen.

Kräuterquark ist lecker und gesund. Frische Kräuter werden klein gehackt und untergerührt.

Essbare Blüten, hier vom Schnittlauch, haben einen hohen Zierwert und schmecken einfach lecker.

Kräuter pflegen

Praxistipps für eine reiche Ernte

Gießen – gewusst, wie!

Eine regelmäßige Versorgung mit Wasser ist für jede Pflanze wichtig. Besonders im Frühjahr, wenn die Kräuter schnell wachsen, solltest du für das richtige Maß an Feuchtigkeit sorgen. Bleibt der Regen aus, steht richtiges Gießen auf der Tagesordnung.
Wozu braucht die Pflanze Wasser? Wasser ist einer der wichtigsten Wachstumsfaktoren der Pflanzen. Schon das Saatgut kann ohne ausreichend Wasser nicht keimen. Während des im Frühjahr einsetzenden Pflanzenwachstums ist die regelmäßige Wasserversorgung besonders wichtig und auch später, im Sommer, erhält Wasser die Pflanze am Leben. Es wird von den Wurzeln aufgenommen und über die Leitbündel in der ganzen Pflanze verteilt. Mit dem Wasser werden in Pflanzen Minerale und Nährstoffe transportiert, Wasser ist am Stoffwechsel beteiligt, kühlt die Pflanze durch Verdunstung und erhält die Pflanzengestalt.

Zum Ausbringen von Regenwasser ist eine ausreichend große, stabile Gießkanne mit einem abnehmbaren Brausekopf das Beste.

Es gibt Wasser und Wasser

Natürlich ist es am schönsten, wenn ein gleichmäßiger Landregen unsere Kräuter zur rechten Zeit mit Wasser versorgt. Nur ist dieser Wunsch nicht immer Wirklichkeit und so musst du oft nachhelfen und wässern. Liegt dein Garten am Haus, kommt das Wasser aus der Trinkwasserleitung oder du sammelst das Regenwasser in einem ausreichend großen Behälter.
Beides hat Vor- und Nachteile. Die Vorteile von Leitungswasser liegen klar auf der Hand. Bei uns ist es fast unbegrenzt verfügbar, von großer Reinheit und kommt mit hohem Druck aus dem Wasserhahn. Schließe einen Schlauch oder Regner an, und die Gießarbeit macht sich fast von allein.
Am besten und am günstigsten ist gesammeltes Regenwasser. Es ist schön weich und, kommt es aus der Regentonne, immer wohl temperiert. Regenwasser wird auf Dächern gesammelt und wird über Fallrohre in Regentonnen, Tanks oder Zisternen geleitet.
Um Algenwuchs einzudämmen, sollte der Regenwasser-Behälter an einem schattigen Platz stehen; Unfälle lassen sich vermeiden, wenn die Behälter einen festen Deckel haben.

Zum Auffangen und Sammeln von temperiertem Regenwasser – die Pflanzen lieben es! – sind Regentonnen gut geeignet.

Gießen ist keine Kunst

Kräuter haben in der Regel einen sehr unterschiedlichen Wasserbedarf. Unsere heimischen Kräuter und ihre Verwandten, wie Minzen, Baldrian oder Beinwell, lieben es feucht, während Kräuter aus dem Mittelmeerraum, wie Lavendel, Salbei oder Thymian, auch mit sehr wenig Wasser auskommen.
Gut ist es, beim Gießen den Boden einmal zu durchnässen und dann wieder trocken werden zu lassen. So sind die Wurzeln immer ausreichend mit Wasser versorgt und die Bodenporen bleiben gleichzeitig luftdurchlässig, sodass den Wurzeln immer ausreichend Luft zur Verfügung steht. Gegossen wird am besten in den frühen Morgenstunden, an heißen Tagen auch abends. Wichtig ist, dass die Blätter trocken in die Nacht gehen, sonst steigt das Risiko von Pilzinfektionen.

Kräuter in Töpfen gießen

Topfkräuter benötigen regelmäßig Wasser. Am liebsten haben sie abgestandenes, temperiertes (Regen-) Wasser. Fülle die Kannen nach dem Gießen gleich wieder mit Wasser auf. Wenn die Erde trocken ist, gieße gründlich und lasse den Ballen dann wieder abtrocknen. An heißen Tagen ist es manchmal notwendig, ein zweites Mal zu gießen. Mediterrane Kräuter sind empfindlich gegen Staunässe: Gieße überschüssiges Wasser im Untersetzer immer ab.

Bodenpflege lohnt sich immer

Wachstum und Gesundheit der Kräuter hängen entscheidend vom Boden ab. Gut gepflegte Böden bleiben für Wasser und Luft durchlässig; die Nährstoffe sind für die Pflanzen besser verfügbar. Außerdem förderst du das Bodenleben, die Humusbildung, und damit nimmt auch die Fruchtbarkeit zu. So wird ein wichtiger Grundstein für deine nächste Ernte gelegt.

Lockern, hacken & Co.

Schwere Böden sollten regelmäßig umgegraben werden. So wird die Erde gelockert und Luft dringt auch in tiefere Schichten. Zusätzlich kann dem Boden Kompost oder andere organische Substanz beigemengt werden. Der beste Zeitpunkt dafür ist der Herbst, so können die Frosttage im Winter

Durch regelmäßiges Lockern der Böden gelangt stets genügend Sauerstoff an die Kräuterwurzeln.

Schichte das Laub locker um deine Pflanzen herum auf. Es zersetzt sich schnell und fördert das Bodenleben.

006 **Ernten statt vernichten:**
Erfahre, welche Wildkräuter für dich sehr nützlich sein können.

zusätzlich für Frostgare im Boden sorgen. Die Erde wird krümelig, ist im Frühjahr frei von Wildkräutern und viel leichter zu bearbeiten (siehe S. 8 und 18).
Leichtere Böden müssen nicht umgegraben werden, es sei denn, du möchtest Komposterde oder eine Gründüngung in den Boden einarbeiten. Zum Lockern und Belüften des Bodens reicht der Einsatz des Sauzahns. Er wird dazu so tief wie möglich kreuz und quer durch den Boden gezogen.
Im Frühjahr wird der Oberboden mit der Harke fein geglättet. Dann wird gesät oder gepflanzt. Später, im Frühjahr und Sommer, sollte man regelmäßig zur Hacke greifen, um Wildkräuter zu entfernen: Beim Hacken wird die obere Schicht des Bodens aufgerissen, dabei werden die Wurzeln der Wildkräuter abgetrennt. Ihre Blätter und Sprosse vertrocknen, werden kompostiert oder können zum Mulchen verwendet werden. Und noch etwas geschieht, wenn du den Oberboden im Sommer lockerst: die Kapillarröhrchen im Boden werden unterbrochen und so kann weniger Wasser verdunsten. Allgemein gilt: Nach dem Regen regelmäßig hacken erspart dir häufiges Gießen.

Mulch – gesunde Bodendecke

Im Garten wird gemulcht, wenn alle Kräuter gepflanzt sind und auch die Saat schon aufgegangen ist. Dazu wird die Erde rund um die Pflanzen dünn abgedeckt. Auch für mehrjährige Kräuter ist eine Mulchschicht ideal. Zum Mulchen ist Kompost, angerottetes Laub, trockener Grasschnitt oder Stroh gut geeignet. Stark wüchsige Kräuter können mit Rindensubstrat gemulcht werden. Der Effekt ist einfach und doch sehr wirkungsvoll: Unter der Mulchschicht bleibt es schön feucht, da das Wasser nicht ungehindert aus dem Boden verdunsten kann. So bleibt es für die Kräuter verfügbar. Der zweite Vorteil liegt darin, dass die Tag- und Nachttemperaturen im Boden weniger stark schwanken.
Die Mulchschicht fördert das Bodenleben und macht den Garten insgesamt fruchtbarer. Und der abgedeckte Boden ist weniger der Witterung ausgesetzt, so kommt es zu deutlich weniger Erosion. Und der letzte, vielleicht aber wichtigste Vorteil: Die Mulchschicht wird vom Bodenleben nach und nach abgebaut und liefert dadurch beständig Nahrung für unsere Kräuter.

Mein Tipp

Wenn du im Sommer reifen Kompost hast, kannst du ihn gut zum Mulchen verwenden. Verteile ihn dünn auf den frisch gehackten Beeten, das belebt den Boden und die Kräuter erhalten zusätzlich wertvolle Nährstoffe.

Nährstoffe für gutes Wachstum

Kräuter benötigen zum Wachstum zahlreiche Nährstoffe, und diese werden, wie bei allen Pflanzen, vorwiegend als in Wasser gelöste Salze (Nährsalze) aufgenommen. Wichtig ist, dass alle benötigten Nährstoffe für deine Kräuter in der richtigen Kombination und Menge vorhanden sind.

Hornspäne werden zur Düngung mit Stickstoff eingesetzt; du kannst sie im späten Winter leicht auf den Beeten verteilen.

Die Nährstoffe im Boden

Die wichtigsten Nährelemente ziehen deine Kräuter aus dem Boden. Für ihren Stoffwechsel brauchen sie besonders Stickstoff, Phosphor, Kalium, Magnesium, Kalzium und Schwefel. Dazu kommen zahlreiche Spurenelemente wie Eisen, Kupfer, Mangan und viele mehr. Fehlen einige Elemente oder gibt es von anderen zu viel, können die Pflanzen nicht optimal wachsen, werden krank oder entwickeln kaum Geschmack und Aroma.

Der Nährstoffbedarf von Pflanzen

Unsere Kräuter haben sich im Laufe der Evolution an sehr unterschiedliche Böden angepasst. So gibt es schwere und leichte Böden, steinige und humose – und jeder Boden hält seine Nährstoffe recht unterschiedlich vor. Dabei kommt es nicht immer auf große Mengen an, ein Zuviel an Nährstoffen ist sogar eher schädlich. Großblättrige Kräuter wie Borretsch haben einen hohen Stickstoffbedarf, während den kleinblättrigen, aromatischen Pflanzen wie Thymian zu viel Stickstoff eher schadet. Für die Festigkeit des Pflanzengewebes ist Kalium erforderlich; Phosphor fördert den Blüten- und damit Fruchtansatz. Es gibt noch zahlreiche andere Pflanzennährstoffe und alle erfüllen ihren Zweck. Wichtig ist, dass die verschiedenen Kräuterarten einen unterschiedlich hohen Bedarf an Nährstoffen

Holzasche ist ein idealer Dünger. Sie enthält Minerale, die Pflanzen für die Festigkeit ihres Gewebes benötigen.

haben. Du findest die Information zum Nährstoffbedarf der häufigsten Kräuterarten in den Pflanzenporträts ab S. 42.

Grunddüngung

Kräuterbeete müssen in der Regel nur wenig gedüngt werden. Für Kräuter, die einen mittleren bis hohen Nährstoffbedarf haben, sind das Mulchen, die regelmäßige Gabe von Komposterde oder das Einarbeiten von Gründüngung (siehe S. 19, 34) sehr gute Maßnahmen. Sie reichen häufig aus, die Kräuter mit fast allen wichtigen Nährstoffen zu versorgen. Stark zehrenden Kräutern fehlt dennoch häufig Stickstoff. Die Grunddüngung mit zusätzlichem Stickstoff lässt sich über das Verteilen von Hornspänen auf dem Kräuterbeet leicht umsetzen. Im späten Winter kannst du die Hornspäne in einen Eimer füllen (am besten Handschuhe tragen) und dann gleichmäßig auf dem Beet verteilen. Danach wird die dünne Düngerschicht mit der Harke in die oberste Bodenschicht eingearbeitet. Die Hornspäne werden im Boden sehr langsam gelöst und versorgen die Kräuter so über einen Zeitraum von mehreren Monaten.

Wenn Nährstoffe fehlen

Der wichtigste Pflanzennährstoff ist Stickstoff. Fehlt er, können die Kräuter schlecht wachsen. Stickstoffmangel erkennst du daran, dass jüngere Blätter heller werden und später vergilben. Phosphormangel erkennst du an Kümmerwuchs und mangelhaftem Blütenansatz. Auch Kalimangel führt zu verzögertem Wachstum. Er wird zuerst an älteren Blättern sichtbar; ihre Ränder erinnern an scharfkantige Verbrennungen und rollen sich ein.

→ Bei Kräutern im Topf mit einem mittleren bis hohen Nährstoffbedarf lohnt sich die Anschaffung von Flüssigdünger.

007

Nährstoffe in Düngeform:
Hier erfährst du, welcher Dünger welche Nährstoffe enthält.

Der richtige Schnitt

Gewusst, wann und wie, bleiben Kräuter über viele Jahre hinweg eine blühende und duftende Attraktion in deinem Garten. Der beste Zeitpunkt für den Schnitt deiner Kräuter ist der späte Winter, wenn keine starken Fröste mehr zu erwarten sind.

Pflegeschnitt

Die meisten mehrjährigen Kräuter wachsen im Sommer sehr üppig und liefern für die Ernte reichlich Blätter und Blüten. Krautige Pflanzen, z. B. Pfefferminze oder Zitronenmelisse, werden zur Ernte vollständig abgeschnitten. Die Pflanzen treiben dann schnell wieder aus und können im Spätsommer oft ein zweites Mal geerntet werden. Wird auf die Ernte verzichtet, sollten diese Kräuter spätestens im Herbst oder nach dem Winter einfach dicht über dem Boden abgeschnitten werden.

Schnitt der mediterranen Sträucher

Mediterrane Halbsträucher wie Salbei oder Ysop sind schon etwas empfindlicher. Stehen sie ganzjährig im Beet, sollte die Ernte Anfang September abgeschlossen sein. Eine Ruhezeit ist nötig, um die Schnittwunden der Ernte wieder zu verschließen. Doch geht es beim Schneiden nicht immer um die Ernte, Halbsträucher brauchen gelegentlich auch einen Pflegeschnitt. Dieser darf ruhig bis in das alte Holz erfolgen, aber bitte nur im Frühjahr. Sie treiben bald neu aus und bleiben den ganzen Sommer in Form. Die Kräuter wachsen kompakt und fallen während des Wachstums oder in der Blüte im Sommer nicht auseinander. Der Lavendel, ebenfalls ein mediterraner Halbstrauch, wird häufig im Herbst etwas geschnitten. Doch dürfen dann nur die Blüten- oder Fruchtstände abgenommen werden – so wird gleichzeitig die Selbstaussaat eingedämmt. Ein Formschnitt bis ins alte Holz ist auch bei Lavendel nur im zeitigen Frühjahr zu empfehlen. Es ist jedoch Vorsicht geboten, denn je älter die Halbsträucher werden, desto empfindlicher reagieren sie auf den Rückschnitt.

Mein Tipp

Es ist immer besser, die Kräuter erst im Frühjahr zurückzuschneiden. So haben Insekten ein Winterquartier und Vögel finden und fressen die Samen. Doch Vorsicht, Kräuter säen sich reichlich selbst aus.

Der Spätwinter ist der richtige Zeitpunkt zum Rückschnitt von Halbsträuchern.

Rosmarin wird zur Ernte geschnitten. Ein Formschnitt erfolgt nicht im Winter, sondern im zeitigen Frühjahr.

Zur Eindämmung der Selbstaussaat können die Fruchtstände des Lavendels im Herbst geschnitten werden.

Gut geschützt im Winter

Viele Kräuter stammen aus wärmeren Regionen, beispielsweise aus den Mittelmeerländern, und tun sich bei uns im Winter sehr schwer mit den kalten Temperaturen. Sie brauchen Wind- und Frostschutz und müssen teilweise sogar im Haus überwintern.

Überwintern im Freiland

Mehrjährige Halbsträucher des Mittelmeerraums, wie Lavendel oder Salbei, können gut im Freiland überwintern. Wichtig ist etwas Windschutz und keine staunassen Böden. Dennoch darf die Erde nicht über einen längeren Zeitraum austrocknen, die Kräuter könnten sonst während einer langen Frostperiode vertrocknen. Halbsträucher fangen in der ersten Frühjahrssonne schnell an zu treiben und werden dann oft durch Spätfröste geschädigt. Abhilfe schafft eine schützende Decke aus Fichtenzweigen oder Laub.

Empfindliche Topfkräuter werden auf Holzklötzchen gestellt und mit Jutegewebe oder Stoff eingewickelt.

Winterfeste Kräuter im Topf können durchaus im Freiland überwintern. Um das Durchfrieren der Töpfe zu verhindern, werden diese auf Holzklötzchen gestellt und mit luftdurchlässigen Tüchern eingepackt.

Das richtige Winterquartier

Zahlreiche mediterrane oder exotische Kräuter, wie Frucht-Salbei oder Lorbeer, sind nicht winterfest. Sie verbringen den Sommer im Freien und müssen im Spätherbst ins Haus geholt werden. Zum Überwintern benötigen sie einen frostfreien, aber hellen Raum. Die Temperaturen sollten 10 °C nicht übersteigen. Geeignet sind ungeheizte, helle Räume wie z. B. Keller, Wintergarten oder Treppenhäuser. Die Pflanzen wachsen auch im Winterquartier und müssen gelegentlich gegossen werden. Dabei ist Staunässe unbedingt zu vermeiden. Im Frühjahr werden die Kräuter bei Bedarf umgetopft, geschnitten und zunächst im lichten Schatten aufgestellt, um sie vorsichtig wieder an das direkte Sonnenlicht zu gewöhnen.

Überwinterungsservice

Reicht der Platz für die Überwinterung mediterraner Gehölze nicht, kann die Serviceleistung vieler Gärtnereien Abhilfe schaffen. Sie bieten an, nicht frostharte Kübelpflanzen fachgerecht zu überwintern. Der besondere Clou: Die Pflanzen kommen so stark wie irgend möglich und vor allem schädlingsfrei wieder zu dir zurück. Häufig bieten Gärtnereien auch einen Hol- und Bringservice an.

Die Abdeckung mit Fichte schützt die Pflanzen und bleibt auch bei stärkerem Wind auf dem Beet liegen.

Frische Kräuter im Winter

Viele Kräuter wachsen im Winter weiter und können ständig zum Würzen verwendet werden. Zu diesen Kräutern gehören Petersilie, Schnittlauch, Kresse, Kerbel, Basilikum und Melisse. Sie wachsen im Topf und benötigen im Winter einen warmen oder wenigstens temperierten Raum mit möglichst viel Licht. Wintergarten und Fensterbänke in der Küche sind für sie bestens geeignet. Dort kannst du auch in einer flachen Schale, die etwa 2 cm hoch mit Kräutererde gefüllt ist, Microgreens von Basilikum, Kresse, Rucola, Koriander oder Dill ziehen. Säe die Pflanzen in der Schale aus, halte die Erde ausreichend feucht. Schon die Keimlinge der Kräuter sind als Grünsprossen essbar und können beständig nachgesät werden.

In den letzten Jahren gab es kaum kalte Winter und es war möglich, auch empfindliche Kräuter im Freiland zu überwintern. Dazu musst du die Temperaturen beobachten und bei Bedarf die Kräuter dick abdecken.

Porträts

Kräutervielfalt kennen lernen

Vom Beet auf den Teller – Salatkräuter

Gesundheit fängt beim guten Essen an. Zahlreiche wissenschaftliche Studien belegen, dass mit einem gesunden Lebenswandel und einer ausgewogenen Ernährung der Körper widerstandsfähig ist und es einem gut geht. Obst, Salat und frisch zubereitetes Gemüse sind sehr wichtige Bestandteile für eine gesunde Ernährung. Fast jeder, der gern kocht und isst, schätzt Küchenkräuter. Sie sind aromatisch, lecker und haben eine starke Wirkung. Nicht umsonst sind Heil- und Küchenkräuter oft dieselben. Je nach Pflanzenart sind sie voller wertvoller Inhaltstoffe wie Scharfstoffe, Bitterstoffe oder auch ätherischer Öle und runden die gesunde Ernährung ab.

Ein frisch zubereiteter Salat ist gesund und, garniert mit Blüten, eine Augenweide.

Unter Salatkräutern verstehen wir Kräuter, die direkt aus dem Garten oder dem Hochbeet geerntet und sofort frisch verbraucht werden. Dazu zählen Schnittlauch, Petersilie, Kerbel, Dill und viele andere. Sie werden am besten vormittags geschnitten, weil ihr Aroma dann am intensivsten ist. Anschließend werden sie gewaschen, gehackt oder geschnitten und frisch auf den Salat oder auch auf andere Speisen gegeben. Wenn du sie nicht sofort verarbeiten möchtest, kannst du sie eine kurze Zeit lang im Kühlschrank gut verpackt aufbewahren. Salatkräuter für den späteren Gebrauch zu trocknen, ist keine Option, denn sie verlieren beim Trocknen ihr Aroma fast vollständig. Wenn du einmal Überschüsse hast oder ein Beet abernten möchtest, kannst du Schnittlauch, Petersilie oder Dill hacken und portionsweise einfrieren (siehe S. 46).
Sie bleiben dann lange frisch, verlieren aber ebenfalls an Aroma.Kresse und Kerbel wachsen sehr schnell und können nach wenigen Tagen (Kresse) oder Wochen (Kerbel) geerntet werden. Sie werden in mehreren Sätzen nachgesät und wachsen die ganze Saison.

Schnitt- oder Pflücksalate gehören in jeden Garten. Du erntest nur die Blätter, die du wirklich brauchst.

Petersilie ist ein Klassiker im Kräutergarten. Die Sorte mit den krausen Blättern ist besonders attraktiv.

Alle Kräuter für den frischen Salat

Kasten-/Beetfläche:
100 x 80 cm

In den Ecken wächst je 1 x Kapuzinerkresse.

Reihe 1:
Je 4 x Schnittlauch und Petersilie

Reihe 2 und 4:
Je 4 x Salat

Reihe 3:
Dill wächst am höchsten. Er wird ausgesät und auf den Abstand von 25–30 cm vereinzelt (hier 5 Pflanzen).

Reihe 5:
Je 4 x Kresse und Kerbel

Kräuter einfrieren

Frische Kräuter für den Winter

Das brauchst du:

1

2

3

4

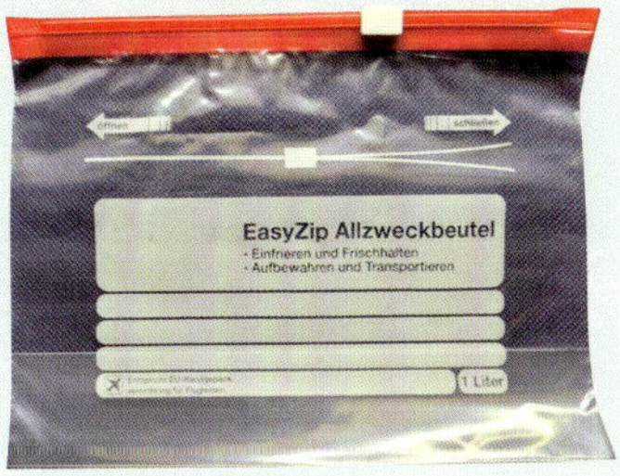

1 Frische Kräuter

2 Großes Küchenmesser oder ein Kräuter-Wiegemesser (die Messer müssen scharf sein)

3 Schneidbrett

4 Zippertüten (oder Gefrierbeutel, kleine Kunststoffdosen)

Außerdem:
1 Esslöffel zum Einfüllen der geschnittenen Kräuter

So wird's gemacht:

Schritt 1: Während des ganzen Sommers kannst du frische Kräuter ernten und einfrieren. Wichtig ist: Kräuter, die haltbar gemacht werden sollen, verlieren immer etwas Aroma und sollten daher zum idealen Zeitpunkt geerntet werden. Blätter werden vor der Blüte geerntet und Blüten, wenn diese voll aufgeblüht sind. Nur so bleiben auch über einen längeren Zeitraum genügend Aromen erhalten.

Schritt 2: Nach der Ernte werden vergilbte, verschmutzte oder erkrankte Pflanzenteile aussortiert und die Kräuter werden, ohne vorher gewaschen zu werden, mit einem scharfen Messer zerkleinert.

Schritt 3: Anschließend wird portioniert – du kannst auch Kräutermischungen zusammenstellen. Die Portionen werden in Zippertüten, Gefrierbeutel oder kleine Kunststoffdosen gegeben, luftdicht verschlossen und bei mindestens –18 °C eingefroren.

Schritt 4: Portioniert kannst du beim Kochen schnell auf die Kräuter zurückgreifen und ihr Aroma bleibt über längere Zeit erhalten. Spätestens bei der nächsten Ernte solltest du die gefrorenen Kräuter durch frische ersetzen.

Mein Tipp

Die besten Kräuter zum Einfrieren sind Petersilie, Schnittlauch, Dill, Oregano, Rosmarin und Thymian. Ihr Geschmack bleibt über viele Monate erhalten. Um Aromaverluste zu vermeiden, gib die gefrorenen Kräuter direkt beim Kochen zu und lasse sie nicht erst auftauen.

Schnittlauch

Allium schoenoprasum

Wuchs Horstig, aufrecht, 20 bis 30 cm hoch

Blatt Röhrig, wintergrün

Blüte Juni und Juli

Standort Sonnig bis halbschattig; nahrhafte, nicht zu feuchte Böden

Pflege Im Frühjahr direkt im Beet aussäen; um das Überaltern zu verhindern, werden die Wurzelstöcke alle zwei Jahre im Herbst oder Frühjahr geteilt

Vermehrung Durch Aussaat oder Teilung des Wurzelstocks

Ernte Im Frühjahr und Sommer knapp über dem Boden abschneiden, Blüten im Sommer

Verwendung Blätter frisch geschnitten zum Würzen von Rührei, Quark, Salaten, Suppen und Soßen; möglichst nicht erhitzen zur Schonung der reichlich enthaltenen Vitamine; Blüten als hübsche Deko für Salate

Petersilie

Petroselinum crispum

Wuchs Rosettig, mit aufrechten Blütentrieben, 50 bis 100 cm hoch

Blatt Gefiedert, glattblättrig oder kraus (je nach Sorte)

Blüte Juni und Juli, grünlich-gelbe Dolden

Standort Sonnig bis halbschattig; humusreiche, feuchte Böden

Pflege Ab März direkt im Beet aussäen, später auf einen Reihenabstand von 10 bis 15 cm vereinzeln, Standort jedes Jahr wechseln, hoher Wasser- und Nährstoffbedarf

Vermehrung Durch Aussaat

Ernte Blätter im Sommer des ersten Jahres und im Frühling des zweiten Jahres – bei Blühbeginn werden die Blätter ungenießbar

Verwendung Frische Blätter zum Würzen von Suppen, Salaten oder Kartoffelgerichten; Petersilie darf nicht mitgekocht werden, sie verliert sonst ihr Aroma

Dill

Anethum graveolens

Wuchs Rosettig, Blütentriebe aufrecht bis locker buschig, 80 bis 120 cm hoch

Blatt Fein gefiedert

Blüte Juni bis August, grünlich-gelbe große Dolden

Standort Sonnig; lockere, nahrhafte, nicht zu trockene Böden

Pflege Im April im Freiland aussäen, später auf einen Abstand von 25 bis 30 cm vereinzeln, Folgeaussaaten bis August, benötigt regelmäßig Wasser, wenig düngen

Vermehrung Durch Aussaat (Lichtkeimer)

Ernte Ab Ende April frische Blätter und ab Juni Blüten; Samen kurz vor der vollständigen Reife ernten und nachtrocknen

Verwendung Blätter und Blüten frisch oder getrocknet als Gewürz von Salaten, Fisch und Soßen; die Samen zum Einlegen von Gurken

Kresse, Garten-Kresse

Lepidium sativum

Wuchs Aufrecht, 30 bis 50 cm hoch

Blatt Grundblätter fiederteilig, obere Blätter länglich-eiförmig, blaugrün

Blüte Mai bis Juli, weiß in Trauben

Standort Sonnig bis halbschattig, wächst auf jedem Gartenboden

Pflege Ab März direkt im Beet aussäen, die Kulturzeit beträgt nur zwei bis drei Wochen, muss daher ständig nachgesät werden; kann im Winter auf der Fensterbank gezogen werden

Vermehrung Aussaat

Ernte Bei Bedarf junge Blätter schneiden

Verwendung Nur frisch, als pikante Zugabe zu Salaten, Eiern oder Quark, eignet sich auch zum Garnieren von Fisch und Gemüse; die Volksheilkunde schätzt das Kraut zur Anwendung bei Frühjahrskuren

Majoran

Origanum majorana

Wuchs Buschig und stark verzweigt, bis 50 cm hoch

Blatt Klein, spatelförmig, ganzrandig, flaumig behaart

Blüte Juli und August, hellrote bis weiße Lippenblüten mit graugrünen Hochblättern

Standort Sonnig; durchlässige, nahrhafte, leichte Böden

Pflege Geschützte Anzucht ab März oder Direktaussaat ab Mai ins Kräuterbeet, Standort sollte jedes Jahr gewechselt werden; benötigt wenig Wasser, Staunässe vermeiden, regelmäßig düngen

Vermehrung Durch Aussaat

Ernte Junge Blätter und Triebe im Frühjahr und Sommer sammeln und frisch verwenden, zum Trocknen Blätter und Blüten im Sommer ernten

Verwendung Frisch oder getrocknet als Gewürz für Eintöpfe, Fleischgerichte und Aufläufe

Rucola/Rauke

Eruca sativa

Wuchs Rosettig, Blütentriebe aufrecht, 20 bis 40 (Blüte) cm hoch

Blatt Buchtig-fiederteilig, Rand wellig

Blüte Juni bis September, Kreuzblüten in lockeren Trauben, weiß, gezeichnet

Standort Sonnig; durchlässige, humose Böden

Pflege Gleichmäßig feucht halten, wenig düngen, auf Fruchtfolge achten (keine Kreuzblütler vorher oder danach)

Vermehrung Aussaat ganzjährig möglich, keimt nach 5 bis 15 Tagen, im Winter bei 10 °C bis 16 °C auf der Fensterbank

Ernte Blätter schneiden vor der Blüte, nicht zu tief, kann zwei- bis dreimal geerntet werden

Verwendung Pflegeleichte Salatpflanze, schneller Wuchs und guter Ertrag

Kapuzinerkresse

Tropaeolum majus

Wuchs Buschig, niederliegend oder rankend mit bis zu 3 m langen Trieben

Blatt Rundlich bis schildförmig

Blüte Gespornte Trichterblüten von Juli bis Oktober in Gelb, Orangerot oder Rot

Standort Sonnig bis halbschattig; durchlässige, nahrhafte, frische Böden

Pflege Gleichmäßig gießen, während des Blattwachstums reichlich düngen

Vermehrung Aussaat im Frühjahr

Ernte Frische Blätter, Blütenknospen, Blüten und unreife Samen im Sommer

Verwendung Blätter und Blüten als Salatbeigabe, die Blätter auch für Pesto, Kräuterquark oder Kräuterbutter; geschlossene Blütenknospen und unreife Samen in Essig einlegen (Kapernersatz)

Kerbel

Anthriscus cerefolium ssp. *cerefolium*

Wuchs Aufrecht bis locker buschig, 70 bis 100 cm hoch

Blatt Mehrfach gefiedert, hellgrün

Blüte Mai bis August, weiß in zusammengesetzten Dolden

Standort Sonnig bis halbschattig; nahrhafte, feuchte Böden

Pflege Ab März direkt im Beet aussäen, Folgeaussaaten bis August möglich, gleichmäßig feucht halten, gelegentlich düngen

Vermehrung Durch Aussaat

Ernte Junge Blätter oder das ganze blühende Kraut, verliert beim Trocknen schnell sein Aroma

Verwendung Frische Kerbelblätter sind eine beliebte Beigabe zu Suppen, Soßen, Quark und Salaten; wirkt verdauungsfördernd

Kräuter aussäen

Einfach & schnell

Voranzucht in kleinen Töpfen

Aussaat ins Beet

Koriander-Sämlinge

Zahlreiche Kräuter lassen sich einfach durch Aussaat anziehen. Wichtigste Voraussetzung für die Anzucht von Kräutern ist ein heller, gut temperierter Platz. Ideal sind Temperaturen zwischen 18 °C und 21 °C.

Aussaat auf der Fensterbank

Fülle die Töpfe oder Schalen mit Aussaat- oder Anzuchterde, drücke die Erde mit der Hand leicht an. Dann feuchtest du die Erde mit einem feinen Wasserstrahl (verwende am besten den Brauseaufsatz auf der Gießkanne) gut durch. Das Saatgut sparsam ausstreuen und gleichmäßig auf der Erde verteilen. Kräuter, die Dunkelkeimer sind, mit einer fein gesiebten Schicht Erde dünn abdecken. Die Erde immer leicht feucht halten; nicht austrocknen lassen. Verwende nur Gefäße, die im Boden ein Loch haben, damit überschüssiges Wasser immer zügig abfließen kann.

Mehr Platz geben

Wenn du die jungen Kräuterkeimlinge auf der Fensterbank später in den Garten ins Beet pflanzen möchtest, lohnt sich das Vereinzeln. Das kannst du machen, sobald die Keimlinge das erste Blattpaar nach den Keimblättern ausgebildet haben. Hebe dafür die Keimlinge vorsichtig mit der Wurzel aus der Erde heraus und setze sie jeweils in einen kleinen Topf mit feuchter Anzuchterde. Wenn auch dieser Topf zu klein geworden ist, können die jungen Pflanzen ins Beet gesetzt werden.

Aussaat ins Beet

Ein- und zweijährige Kräuter sind meist sehr robust und können direkt ins Beet gesät werden. Lockere vor der Aussaat den warmen Boden auf und ziehe die Beetfläche mit einem Rechen fein ab. Mit einem Stab werden kleine Furchen gezogen, in denen das Saatgut dann locker verteilt wird. Besonders einfach ist das Auslegen von Saatbändern, die du im Fachhandel bekommst: in den Bändern aus kompostierbarem Papier ist das Saatgut bereits im richtigen Abstand zueinander fixiert. Nach der Aussaat die Rillen wieder vorsichtig mit Erde bedecken. Gut angießen und nicht austrocknen lassen.

Es ist leichter, die jungen Pflanzen zu vereinzeln, wenn du vorher einen Büschel von Keimlingen vorsichtig aus der Erde herausgehoben hast.

Essbare Blüten

Blüten sind wegen ihrer Farben- und Formvielfalt und ihres intensiven Duftes eine wahre Freude. Doch nicht nur das, sie ernähren viele unserer Insekten und werden im Gegenzug oft von ihnen bestäubt. Nur so können die Pflanzen Früchte und später Samen ansetzen. Auch wir Menschen nutzen häufig Blüten: Sie schmücken unsere Wohnungen, sie bilden Grundstoffe für Salben oder Parfüms und haben auch in der Küche einen großen Nutzen. Blüten werden zum Kochen und Backen verwendet, zum Kandieren, für den Teeaufguss sowie zur Herstellung von Sirup oder zum Aromatisieren von Wein. Viele Blüten färben intensiv und werden als natürliche Lebensmittelfarben verwendet.

Ringelblumen sind anspruchslose Gartenpflanzen und essbare Heilpflanzen zugleich.

Essbare Blüten gibt es an vielen Stellen in der Natur und natürlich im Garten. In der Natur finden wir im Frühjahr Holunderblüten. Sie ergeben einen süßlichen, leckeren Tee oder können zu Sirup gekocht werden. Holunder zählt zu den beliebtesten Pflanzen in der Volksheilkunde, genau wie Mädesüß. Beide werden als Teeaufguss zu Schwitzkuren bei fieberhaften Erkältungen verwendet. Unter Gehölzen finden wir im Frühjahr Veilchen. Die Blüten sind essbar und werden gern kandiert. Auch im Garten gibt es essbare Blüten. Duftgeranien aromatisieren Salate und Nachspeisen; die Blüten des Muskateller-Salbeis werden häufig zum Verfeinern von alkoholischen Getränken verwendet. Rosenblütenblätter werden in Zucker eingelegt oder kandiert; die großen Blüten von Kürbis oder Zucchini können mit Käse, Hackfleisch oder Reis gefüllt und als herzhafte Gerichte serviert werden. Kräuter mit essbaren Blüten können sehr einfach im Garten angebaut werden (siehe Musterbeet rechts). Viele sind mehrjährig und brauchen nur gepflanzt, gepflegt und geerntet zu werden. Einjährige werden in jedem Jahr neu gesät und bekommen einen anderen Platz. So bleibt der Boden lebendig.

Ein frischer Salat wird durch Zugabe von essbaren Blüten zur Delikatesse für Augen und Gaumen.

Do!

Blüten sind meist sehr empfindlich und müssen nach der Ernte schnell verarbeitet werden. Wenn sie zur Ernte sauber und frei von Schädlingen sind, müssen sie nicht gewaschen werden.

Leckere Dekoration

Kasten-/Beetfläche:
100 x 80 cm

In den Ecken wachsen je
- 3 Ringelblumen,
- rankende Kapuzinerkresse,
- Veilchen und
- Rot-Klee.

In der Mitte stehen
- 4 hohe Kosmeen, die von
- 3 Borretsch (links),
- 3 Kornblumen (oben),
- 4 Anis-Ysop (rechts) und
- 3 Färberdisteln (unten)
eingerahmt werden.

Borretsch

Borago officinalis

Wuchs Aufrecht, verzweigt, bis 80 cm hoch, rau behaart

Blatt Elliptisch, beidseitig rau behaart

Blüte Mai bis September, himmelblau, sternförmig

Standort Sonnig; durchlässige, nahrhafte, frische bis feuchte Böden

Pflege Keimlinge früh vereinzeln, neigt zur Selbstaussaat

Vermehrung Aussaat im Frühjahr (Dunkelkeimer)

Ernte Blüten, Blätter und junge Triebe im Sommer

Verwendung Frisches Kraut würzt Suppen, Salate, Quark, kalte Soßen und Eierspeisen; der Tee aus Blüten und Blättern wirkt blutreinigend, herzstärkend und schleimlösend

Wilde Malve

Malva sylvestris

Wuchs Straff aufrecht und stark verzweigt, bis 120 cm hoch

Blatt Handförmig gelappt, unterseits behaart

Blüte Juni bis September; violett-rosa, dunkel gestreift; achselständig

Standort Sonnig; gut durchlässige, nahrhafte, kalkhaltige Böden

Pflege Aussaat auf der Fensterbank im Frühjahr, auf 20 x 20 cm Pflanzabstand im Beet vereinzeln; gelegentlich gießen und düngen, auf Malvenrost achten

Vermehrung Aussaat im Frühjahr; wegen der unregelmäßigen Keimung kann die Voranzucht sinnvoll sein

Ernte Junge Blätter bei Bedarf im Frühjahr ernten, im Sommer einzelne Blüten ernten oder das ganze Kraut schneiden und trocknen

Verwendung Junge Blätter als Beigabe zu Salat oder Gemüse, Malvenblüten als essbare Dekoration; getrocknete Blätter und Blüten für Tee

Duft-Veilchen, März-Veilchen

Viola odorata

Wuchs Buschig, 10 bis 15 cm hoch, bildet Ausläufer

Blatt Herz-eiförmig bis nierenförmig

Blüte März bis April, Nachblüte im Herbst, zart, dunkelviolett, duftend

Standort Halbschattig; humusreiche, frische bis feuchte Böden

Pflege Pflegeleicht, gedeiht am besten als Bodendecker unter Sträuchern

Vermehrung Durch Aussaat im Herbst (Frostkeimer), Teilung des Wurzelstocks oder durch Stecklinge

Ernte Blätter und Blüten im Frühling sammeln und frisch oder getrocknet verwenden

Verwendung Frische Blätter und Blüten werden Frühlingssalaten beigemengt, frische oder kandierte Blüten garnieren Süßspeisen

Gewürz-Tagetes

Tagetes tenuifolia

Wuchs Aufrecht, buschig, 20 bis 70 cm hoch

Blatt Fiederteilig, Blattrand gezähnt, etwa 10 cm lang

Blüte Juni bis September, end- und achselständig, einfach, gelb, orange oder rot

Standort Sonnig bis halbschattig; nahrhafte, durchlässige Gartenböden

Pflege Regelmäßig wässern und düngen, Haupttrieb stutzen, regelmäßig ausputzen

Vermehrung Aussaat in Vorkultur auf der Fensterbank ab Februar oder März, Jungpflanzen auch nach der Pflanzung vor Kälte schützen

Ernte Blätter und Blüten bei Bedarf

Verwendung Die Blüten haben ein feines Mandarinenaroma und passen gut zu Süßspeisen; die Blätter sind ein würziges Küchenkraut und passen gut zu Suppen, Risotto oder Soßen

Ringelblume

Calendula officinalis

Wuchs Aufrecht, stark verzweigt, klebrig, 20 bis 60 cm hoch

Blatt Länglich, behaart

Blüte Gelbe bis orangerote Körbchenblüten, von Juni bis Oktober

Standort Sonnig; nahrhafte, gut durchlässige Böden

Pflege Regelmäßig wässern und düngen, Verblühtes entfernen zur Förderung weiterer Blüten, neigt zur Selbstaussaat

Vermehrung Aussaat im Frühjahr

Ernte Blütenblätter und junge Blättchen im Sommer

Verwendung Blütenblätter und frische junge Blätter als Salatbeigabe, Tee aus den frischen oder getrockneten Blüten

Anis-Ysop

Agastache foeniculum

Wuchs Aufrecht bis locker buschig, 50 bis 80 cm hoch

Blatt Oval, drüsig punktiert, nach Anis duftend

Blüte Juli bis September in hübschen, hellpurpurnen Ähren

Standort Sonnig; durchlässige, trockene, nahrhafte Böden

Pflege Rückschnitt im Frühjahr; bei mehrjähriger Kultur ist Winterschutz erforderlich

Vermehrung Durch Aussaat, Stecklinge, Absenker oder Teilung des Wurzelstocks im Herbst

Ernte Während des Sommers Blätter und Blüten ernten und frisch verwenden, zum Trocknen die oberirdischen Pflanzenteile kurz vor der Blüte ernten

Verwendung Die Blüten sind essbare Deko für Büffets, Salate und Süßspeisen; die Blätter werden zum Aufguss von Tee oder zum Würzen von verschiedenen Speisen verwendet

Indianernessel

Monarda didyma

Wuchs Horstig, mit aufrechten Blütenstielen, 90 bis 110 cm hoch

Blatt Lanzettlich, Blattrand gesägt, zugespitzt

Blüte Juli bis September, hellrote Lippenblüten in endständigen Quirlen, im Handel sind auch rosa, rote und purpurfarbene Sorten erhältlich

Standort Sonnig bis halbschattig; frische bis feuchte, humose, nährstoffreiche Böden

Pflege Im Herbst zurückschneiden und alle vier Jahre umpflanzen, auf Pilzbefall (Falscher Mehltau) achten

Vermehrung Durch Aussaat, Stecklinge oder Wurzelteilung

Ernte Frische Blätter bei Bedarf, blühende Pflanzenteile im Sommer

Verwendung Die essbaren Blüten sind Bestandteil von Salaten; frische Blätter und Blüten zum Garnieren von Desserts; die getrockneten Pflanzenteile eignen sich für Tee

Kornblume

Centaurea cyanus

Wuchs Aufrecht, mit dünnen, kantigen Stängeln, 30 bis 60 cm hoch

Blatt Schmal, lanzettlich

Blüte Juni bis September, himmelblaue Körbchenblüten

Standort Sonnig; durchlässige, nährstoffreiche Böden

Pflege Aussaat im Frühjahr, regelmäßig gießen, wenig düngen, Verblühtes abknipsen, auf Rostkrankheiten achten

Ernte Im Sommer, nur die Blüten

Verwendung Frische Blüten für Salate und Süßspeisen; getrocknete Blüten als dekorative Zugabe zu Tees; wertvoller Bestandteil von Blumenwiesen: Kornblumen ziehen Bienen, Hummeln und Schmetterlinge an, ihr Nektar hat einen hohen Zuckergehalt

Essbare Blüten einfrieren

Lange haltbar machen

Do!

Für die Blütenernte ist der Mittag der beste Zeitpunkt, denn dann sind die meisten Blüten voll geöffnet und du erkennst sofort, ob sie alle vollständig, gesund und sauber sind.

Das brauchst du:

1 Blüten:
1a: Löwenzahn
1b: Kapuzinerkresse
1c: Oregano
1d: Malve
1e: Senf
1f: Spornblume
1g: Ringelblume

2 Wasserkrug, gefüllt mit kaltem Leitungswasser

3 Gefrierschale mit Fächern (die Fächer in der passenden Größe zu den Blüten)

So wird's gemacht:

Schritt 1: Die Blüten werden im Garten gesammelt. Beachte dabei, dass sie bei der Ernte voll aufgeblüht und frei von Erde, Krankheiten oder Schädlingen sind. Sollten deine Blüten nach einem Regenguss mit Erde verunreinigt sein, kannst du sie mit klarem Wasser abspülen und am nächsten Tag ernten. Ernte nur voll aufgeblühte Blüten, denn nur dann haben sie die intensivsten Farben und Aromen.

Schritt 2: In der Küche werden die Blüten zum Einfrieren vorbereitet. Dazu werden die Stiele entfernt und, wenn die Blüten zu groß sind, auch die Kelchböden. Anschließend werden die Blüten nach Größe sortiert und du kannst überprüfen, ob sie gut in deine Gefrierschale passen. Wenn du unterschiedlich große Blüten gesammelt hast, benötigst du Gefrierschalen mit unterschiedlich großen Fächern. Dann legst du eine ganze Blüte oder einen kleinen Blütenstand in jedes Fach. Gibt es nach dem Sortieren noch Reste, kannst du sie mischen und einfüllen.

Schritt 3: Die Fächer werden vorsichtig mit kaltem Leitungswasser gefüllt. Bitte achte darauf, dass alle Blüten unter der Wasseroberfläche schwimmen. Wenn du Blüten mit behaarten Kelchen verwendest, musst du sie über eine kurze Zeit unter Wasser drücken, bis die Luft zwischen den Haaren ausgewichen ist. Dann in den Gefrierschrank stellen und warten, bis das Wasser vollständig zu Eis gefroren ist.

Aroma des Südens

Wenn wir an Küchenkräuter denken, fallen uns sofort mediterrane Kräuter oder deren Mischungen ein.
Egal, ob Thymian, Salbei, Oregano, Rosmarin oder Kräutermischungen, wie die Kräuter der Provence – mediterrane Kräuter erinnern uns an Urlaub, Sonne und Wärme. Sie bestechen durch intensives Aroma und sind gerade deswegen besonders beliebt.
Mediterrane Kräuter können wir bei uns in der Natur nicht sammeln, sie müssen angebaut werden. Dass sie überhaupt bei uns sind, haben wir Klöstern zu verdanken. Schon im Mittelalter haben Mönche und Nonnen diese Kräuter bei uns eingeführt. Sie haben in den Klostergärten Kräuter gepflanzt und diese konnten sich im Laufe von Jahrhunderten in unserem Klima etablieren. Mittlerweile sind die meisten dieser eingeführten Arten auch bei uns winterfest. In den Klöstern wurde früh erkannt, dass Kräuter am besten dort gedeihen, wo die Bedingungen denen ihrer Heimat am ähnlichsten sind. So wurden die Kräuter, die Sonne, durchlässige, nährstoffarme Böden, Wärme und Trockenheit brauchen, von denjenigen getrennt, die andere Bedingungen bevorzugen. Auf diese Weise wurden mediterrane Kräuter bei uns etabliert und zählen zu den wirksamsten Heilkräutern. Der Weg zum Küchenkraut war nicht weit. Spätestens, seitdem der Mittelmeerraum zum beliebten Urlaubsziel avancierte, sind mediterrane Gerichte und deren Kräuter auch aus unseren Speiseplänen nicht mehr wegzudenken. Im Garten bekommen diese Kräuter immer den sonnigsten und wärmsten Platz. Viele Arten sind sehr anspruchslos und kommen mit wenig Wasser und Nährstoffen aus. Im Beet (siehe Musterkasten rechts) stehen Kräuter, die auf allen Gartenböden gut wachsen. Bei Neupflanzungen werden die Plätze getauscht.

Oregano zählt zu den beliebtesten mediterranen Kräutern. Hier die Blüte des Griechischen Oregano.

Frisch geerntete Rucola-Blätter passen mit ihrem leicht pfeffrigen Geschmack zu Salat, Aufläufen, Pizza und Pasta-Gerichten.

Ein leckeres Pesto ist schnell aus frischen Kräutern, Nüssen, Olivenöl und Parmesan gemacht.

Mediterrane Kräuter

Kasten-/Beetfläche:
100 x 80 cm

In der Mitte stehen
die größeren mehrjährigen Kräuter:
- 3 x Oregano (links) und
- 6 x Knoblauch (rechts)

In den Ecken stehen
- 5 x Schnittlauch (oben rechts) und
- 5 x Petersilie (oben links),
- 5 x Rucola (unten links) und
- 5 x Basilikum (unten rechts); Rucola und Basilikum immer wieder nachpflanzen

Basilikum

Ocimum basilicum

Wohl kein anderes Kraut ist in der modernen Küche so populär wie Basilikum. Italienische Gerichte sind kaum denkbar ohne dieses aromatische Gewürz. Dabei ist die Heimat des Basilikums der subtropische asiatische Raum, Basilikum wächst dort als mehrjähriger Strauch. Mittlerweile gibt es Basilikum in vielen Sorten und wird meist einjährig kultiviert. Basilikum steht mit vielen Sämlingen im Topf in jedem Supermarkt. Eine bessere Qualität erhältst du, wenn du ihn selbst ziehst.

Wuchs Aufrecht, je nach Sorte 15 bis 60 cm hoch, stark verzweigt
Blatt Eiförmig, mehr oder weniger gesägt, zugespitzt, je nach Sorte grün oder rot
Blüte Juni bis September, weiß oder rosa (bei den rotblättrige Sorten)
Standort Sonnig bis halbschattig; nahrhafte, durchlässige, frische Böden
Pflege Ab März auf der Fensterbank bei Temperaturen von 20 °C aussäen (Lichtkeimer) und später im Halbschatten an die wärmste Stelle des Gartens pflanzen; alternativ auf der Fensterbank oder auf der Terrasse im Topf weiterkultivieren; während des Wachstums gut feucht halten, ohne die Blätter mit kaltem Wasser ständig zu benetzen; das Entspitzen der Haupttriebe führt zu buschigem Wuchs
Vermehrung Aussaat
Ernte Vor der Blüte junge Blätter und Triebe
Verwendung Frisches Basilikum passt gut zu Tomaten, Soßen, Pestos und Pasta-Gerichten; nur frisch verwenden und nur kurz oder am besten gar nicht mitkochen, denn das Kraut verliert beim Kochen oder Trocknen sein Aroma

Die Sorte 'Compatto' ist robust und zeichnet sich durch kompakten Wuchs und große Blätter aus.

Die Sorte 'Crispum' ist sehr ertragreich, hat große krause Blätter und ein intensives Aroma.

Basisrezept Pesto

Du brauchst:
- 250 g Basilikum (oder Schnittlauch, Rucola, Petersilie)
- 500 ml Olivenöl
- 150 g Pinienkerne
- 150 g fein geriebenen Parmesan, Salz und Pfeffer, Zitronensaft

Kräuter waschen, ggf. Stiele entfernen, die Blatter grob zerkleinern.
Pinienkerne fein hacken, ggf. etwas anrösten.
Gehackte Kräuter, Parmesan und die Nussstücke vorsichtig pürieren, dabei Olivenöl zugeben, bis eine cremige Paste entsteht.
Mit Salz, Pfeffer und evtl. Zitronensaft abschmecken.

Leckere Sorten zum Ausprobieren

Basilikum gibt es in zahlreichen Sorten mit individuellen Charakteren. Die Sorten unterscheiden sich in Blattgröße, Blattfarbe und im Aroma. So kannst du ganz unterschiedliche Speisen würzen.

'AFRICAN BLUE'
60 bis 100 cm hoch, verholzend, Blatt nur entfernt gesägt, grün mit purpurfarbener Zeichnung. Etwas herb im Geschmack, passt gut zu Tomaten, Pesto und Pasta. Die schön gezeichneten Blätter eignen sich auch sehr gut zum Garnieren.

ANIS-BASILIKUM
Stängel rötlich, 40 bis 80 cm hoch, Blatt dunkelgrün. Gewürz für asiatische Gerichte und Süßspeisen. Geeignet auch als Teepflanze mit anisartigem Geschmack.

'ARARAT'
Aufrecht, 30 bis 60 cm hoch, stark verzweigt, Stängel rötlich, Blatt dunkelgrün mit purpurfarbener Zeichnung. Die schön gefärbten Blätter haben einen sehr würzigen Geschmack; sie eignen sich besonders für die Garnierung von Speisen.

'COMPATTO'
Stängel rötlich, 30 bis 60 cm hoch, wächst besonders kompakt und ist sehr robust. Blatt im Austrieb kraus, grün.

'CRISPUM'
20 bis 40 cm hoch, Blatt kraus, zart, grün. Benötigt ein wenig Windschutz. Sehr ertragreich, eignet sich besonders gut zum Würzen mediterraner Speisen.

'DARK OPAL'
30 bis 60 cm hoch, Blatt nur entfernt gesägt, tief purpurfarben. Dank ihres herben Aromas eignet sich diese Sorte besonders gut zur Herstellung von Kräutertees. Die dunklen Blätter sind sehr dekorativ.

Andorn

Marrubium vulgare

Wuchs Buschig, verzweigt, bis 60 cm hoch, filzig behaart

Blatt Wintergrün, eiförmig bis rundlich, graugrün, runzelig

Blüte Juni bis August, in weißen Scheinquirlen

Standort Sonnig; gut durchlässige, magere Böden

Pflege Pflanzabstand beträgt wenigstens 30 cm

Vermehrung Aussaat im Frühjahr, Stecklinge im Sommer oder Teilung des Wurzelstocks im Herbst

Ernte Blätter während der gesamten Vegetationsphase, nicht verholzte, blühende Triebe im Sommer schneiden und trocknen

Verwendung Die Blätter würzen frisch oder getrocknet Salate; wirkt als Heilkraut gegen Verdauungsbeschwerden und Appetitlosigkeit

Curry-Strauch

Helichrysum italicum

Wuchs Buschig, 40 bis 60 cm hoch, immergrün

Blatt Nadelförmig, wechselständig, leicht klebrig, graugrün

Blüte Kleine gelbe Körbchenblüten im Juli und August

Standort Sonnig; gut durchlässige, magere Böden

Pflege Wenig gießen und düngen, Rückschnitt im Frühjahr; Vermehrung durch Stecklinge im Sommer; bei strengem Frost ist Winterschutz erforderlich

Vermehrung Stecklinge oder Absenker im Frühjahr oder Sommer

Ernte Junge Triebe der Blüten; Blüten im Sommer

Verwendung Blätter oder junge Triebe frisch oder getrocknet als Gewürz für Suppen und Wokgerichte sparsam verwenden, Tee hilft bei Husten; die essbaren Blüten sind Deko für Tellergerichte oder eignen sich zum Binden von Trockensträußen

Rosmarin

Rosmarinus officinalis

Wuchs Dichtbuschiger Strauch, kann bis zu 2 m hoch werden

Blatt Immergrün, linealisch, eingerollt, ledrig, dunkelgrün, unterseits graufilzig

Blüte Von März bis Juni in blassblauen Scheinquirlen

Standort Sonnig; karge, humose, durchlässige Böden

Pflege Winterfeste Sorten an geschützten Stellen in den Garten pflanzen, in ungünstigen Lagen oder für nicht frostharte Sorten ist die Topfkultur ratsam

Vermehrung Stecklinge oder Absenker im Frühjahr oder Sommer

Ernte Bei Bedarf Blätter, Zweigspitzen und Blüten

Verwendung Intensives Gewürz für mediterrane Gerichte zu Fleisch, Fisch, Suppen, Kartoffeln; die essbaren Blüten zur Garnierung von Speisen

Ysop

Hyssopus officinalis

Wuchs Dichtbuschig, 30 bis 60 cm hoch, im unteren Bereich verholzend

Blatt Wintergrün, lanzettlich, behaart, mit Öldrüsen

Blüte Juli und August, blau, weiß oder violett in Ähren

Standort Sonnig; nahrhafte, kalkhaltige, gut durchlässige, trockene Böden

Pflege Regelmäßiger Rückschnitt im Frühjahr erforderlich

Vermehrung Aussaat, Stecklinge oder Absenker

Ernte Blätter und junge Triebe laufend pflücken und frisch verwenden, im Sommer das blühende Kraut ernten und trocknen

Verwendung Hervorragendes Gewürz für Fleisch- oder Fischgerichte sowie für Salate und Gemüse; die essbaren Blüten eignen sich zum Garnieren von Speisen

Lorbeer

Laurus nobilis

Wuchs Aufrechter Strauch oder Baum mit immergrünen Blättern, kann bis zu 10 m hoch werden, im Topf bis zu 3 m

Blatt Elliptisch, ledrig, Rand wellig, dunkelgrün; das Laub kann die Haut reizen

Blüte Duftende cremeweiße Blüten von März bis Mai

Standort Sonnig bis halbschattig; nahrhafte, durchlässige Böden

Pflege Reichlich wässern und düngen, Rückschnitt im Herbst; frostfrei überwintern

Vermehrung Durch Aussaat im Frühjahr oder Stecklinge im Sommer

Ernte Die Blätter das ganze Jahr

Verwendung Blätter frisch oder getrocknet als Gewürz für Suppen, Soßen, Fleischgerichte, Gemüseeintöpfe

Knoblauch

Allium sativum

Wuchs Mehrjährig, aufrecht, bis 80 cm hoch, eintriebig

Blatt Länglich, meist hängend, graugrün

Blüte Mai und Juni, rötlich-weiße, halbkugelige Dolden, anfangs von einem Hochblatt umgeben

Standort Sonnig; gut durchlässige Böden

Pflege Einzelne Zehen oder Brutzwiebeln im zeitigen Frühjahr oder im Spätsommer 5 cm tief in den Boden stecken, Reihenabstand beträgt etwa 15 cm

Vermehrung Über die Brutzwiebeln oder Zehen

Ernte Brutzwiebeln und frische Blätter bei Bedarf für den Frischverzehr; die reifen Knollen, sobald das Laub im Hochsommer vergilbt ist, ausgraben, kurz trocknen und in einem luftigen Raum lagern

Verwendung Frisch oder getrocknet zum Würzen von Salaten, Suppen, Fleisch und Gemüse

Griechischer Oregano

Origanum heracleoticum

Wuchs Mehrjährig, dichtbuschig, bis 50 cm hoch, Ausläufer bildend

Blatt Eiförmig, flaumig behaart

Blüte Juli bis September, rosa oder weiß in Trugdolden

Standort Sonnig; durchlässige, trockene Böden

Pflege Wenig gießen und düngen, Staunässe vermeiden, Platzbedarf ca. 30 x 30 cm

Vermehrung Aussaat im Freiland ab April oder Teilung des Wurzelstocks im Herbst

Ernte Junge Blätter und Triebe jederzeit zum Frischverzehr, krautige Pflanzenteile während der Blütezeit zum Trocknen für Vorräte

Verwendung Frisch oder getrocknet ein beliebtes Gewürz für Pizza, Salate und Nudelgerichte; Duft und Geschmack bleiben auch beim Kochen erhalten

Olivenkraut

Santolina viridis

Wuchs Buschig, im unteren Bereich verholzend, immergrün, bis zu 60 cm hoch

Blatt Wechselständig, fein geteilt, leuchtend grün

Blüte Blüht in gelben Köpfchen von Juni bis August

Standort Sonnig; nahrhafte, durchlässige Böden

Pflege Wenig gießen und düngen, Staunässe vermeiden, frostfrei überwintern, Rückschnitt im Frühjahr

Vermehrung Über Stecklinge im Sommer

Ernte Blätter im Sommer

Verwendung Frisch oder getrocknet zu mediterranen Gerichten; schmeckt ähnlich wie grüne Oliven; ist appetitanregend und wirkt verdauungsfördernd

Duftkräuter

Ein Duftgarten weckt alle Sinne, und seine Formen, Farben und Aromen machen jeden Aufenthalt zum Genuss. Kräutergärten unterscheiden sich von anderen Gärten hauptsächlich durch ihre Düfte. Sie können scharf, süß, aromatisch oder durchdringend sein.

Die Nachtkerze entfaltet ihren Duft erst am Abend. Das Nachtkerzenöl wird aus den Samen gewonnen.

An warmen Sommerabenden ist es ein besonderes Erlebnis, durch den duftenden Kräutergarten zu streifen.

Kräuter werden seit vielen Jahrtausenden auch wegen ihrer Düfte verwendet. Düfte steigern Emotionen, und Kräuter sind wichtiger Bestandteil von Zeremonien; ihnen wurden schon immer besondere Eigenschaften zugeschrieben.

Rosmarin und Majoran machen z. B. lebhaft und fröhlich, Minzen erfrischen den Geist, Beifuß erhöht die Wachsamkeit, Hopfen und Lavendel beruhigen die Nerven. Jeder Mensch empfindet die Düfte aber etwas anders. Ob wir einen Duft mögen oder nicht, hängt häufig auch damit zusammen, welche Erinnerungen wir mit ihm verbinden.

Düfte machen auch für die Pflanzen viel Sinn, denn Düfte ziehen für die Bestäubung der Blüten Insekten an und vertreiben Pflanzenschädlinge. Der Duft von Blättern ist meist kräftiger als der von Blüten. Verantwortlich dafür sind ätherische Öle, die sich in den Zellen der Blätter befinden. Einige Düfte treten erst beim Zerreiben von Blättern aus, bei anderen reicht die warme Sonne. Witterung und Standort der Kräuter sind also entscheidend für die Intensität ihrer Düfte.

Ein Duftbeet kann seine Wirkung nur entfalten, wenn es warm und windgeschützt liegt. Lege das Beet am besten vor einer Mauer an – sie hält den Wind ab und speichert viel Wärme. Alternativ kann das Duftbeet auch vor einer dichten Hecke angelegt werden (siehe S. 13).

Die Eberraute ist ein intensiv duftender, würzig-aromatischer Strauch, der in keinem Duftgarten fehlen sollte.

Lavendel ist wohl die bekannteste unter den Duftpflanzen. Er wirkt beruhigend und vertreibt Insekten.

Duftendes Kräuterbeet

Kasten-/Beetfläche:
100 x 80 cm

- 3 x Muskateller-Salbei als höchstes Kraut wächst in der Mitte und wird von 3 x Weinraute (oben links),
- 1 x Eberraute (unten links),
- 3 x Katzenminze (unten rechts),
- 3 x Lavendel (oben rechts) und
- 5 x Nachtkerze eingerahmt.

Kräuterspirale

Vielfalt auf wenig Raum

Fläche ausheben, Drainageschicht auflegen

Steine aufschichten, Erde einfüllen

Pflanzen im Topf aufstellen, danach einpflanzen

Kräuterspiralen gab es schon in den Burganlagen des Mittelalters. Kein Wunder, denn die dreidimensional gestaltete, spiralige Gartenanlage schafft ideale Bedingungen für verschiedene Kräuter.

Schneckenhaus

Die Kräuterspirale benötigt auf jeden Fall einen sonnigen Platz. Ihre Form erinnert an ein Schneckenhaus: Die Steine werden spiralförmig gelegt und zur Mitte hin immer höher geschichtet. Ein Durchmesser von 3 m ist für eine Kräuterspirale ideal, der höchste Punkt der Spirale sollte nachher eine Höhe von ca. 80 cm haben.

Drainageschicht legen

Als Erstes wird die bestehende Pflanzendecke entfernt, die Erde gelockert und mit dem Rechen gut planiert, sodass eine ebene Fläche entsteht. Die größten Steine setzt du in der ersten Reihe – sie sind die Basis und geben so der Kräuterspirale die Form. Dann füllst du eine Schicht groben Schotter oder größere Tonscherben als Drainageschicht ein.

Steine aufschichten, Erde einfüllen

Auf die erste Steinreihe schichtest du, immer auf Lücke gesetzt, weitere Steine. Nach ca. vier Schichten beginnst du mit dem Einfüllen der Erde. Fülle nur die Erde ein, die deine Kräuterarten bevorzugen, und schichte weiter Steine und Erde auf. Schließe die Spirale am unteren Ende mit zwei bis drei Steinreihen ab.

Bepflanzen & angießen

Ist die Kräuterspirale fertig gebaut, verteile die Kräuter noch im Topf und im passenden Abstand zueinander auf der Fläche; erst danach pflanzt du sie ein. Oben ist es am wärmsten und trockensten: Hier ist der beste Platz für mediterrane Kräuter. Im unteren Bereich fühlen sich Kräuter, die mehr Nährstoffe brauchen, am wohlsten. Gleich nach dem Einpflanzen die Kräuter einmal kräftig gießen, damit sie gut anwachsen.

Don't

Pflanzen mit Ausläufern wie Oregano, Minze oder Estragon und stark wüchsige Kräuter können innerhalb von wenigen Jahren die anderen Kräuter verdrängen – sie sollten besser außerhalb der Spirale ihren Platz finden.

Echter Lavendel

Lavandula angustifolia

Das Wort *Lavandula* ist abgeleitet vom lateinischen *lavare* - waschen. Kein Wunder, denn der würzig duftende Strauch wurde schon von den Römern als Badezusatz und zum Waschen verwendet. Auch in der Bibel ist die Rede vom Speik (*Lavandula spicata*) als duftendes Salbenöl und die alten Griechen verwendeten Lavendelwein oder -essig als Mittel gegen Blähungen und zum Lösen von Schleim. Die Entdeckung des Echten Lavendel als Heilpflanze dürfte hingegen das Verdienst der Klosterheilkunde sein. In den Klöstern wurde die Pflanze bei Blähungen und Magenschmerzen angewendet und Hildegard von Bingen beschrieb die Nutzung gegen Läuse. Im Volksglauben des Mittelalters ging man davon aus, dass der Duft von Lavendelsträußen hilft, das Böse fernzuhalten, und die Pflanze galt als wirksames Mittel gegen die Pest.

Lavendelzucker sieht nicht nur toll aus, er aromatisiert auch Tee und Desserts.

Die große Zeit des Lavendels begann im 18. Jahrhundert im französischen Grasse. Dort wurde damit begonnen, Leder zu parfümieren, und die Nachfrage nach Lavendel stieg stetig an. Große Feldkulturen wurden angelegt und es entstanden die großen Parfümhäuser Frankreichs.

Heute ist der Lavendel eine beliebte Gartenpflanze, er wächst aber auch sehr gut im Topf oder Kübel. Besonders robust ist der Echte Lavendel (*Lavandula angustifolia*), beliebt sind auch der Speik-Lavendel (*Lavandula latifolia*) und der nicht winterharte Schopf-Lavendel (*Lavandula stoechas*). Alle Lavendelarten und deren Sorten brauchen warme, sonnige Plätze, egal ob im Garten oder auf dem Balkon. Der Boden muss durchlässig sein; im Topf oder Kübel wird Pflanzerde daher mit Sand vermischt. Lavendel vertreibt für Pflanzen schädliche Insekten aus dem Garten und wird daher in Mischkulturen eingesetzt.

Die Sorte 'Blue Cushion' des Echten Lavendel wächst kompakt und blüht intensiv blau.

Die Sorte 'Rosea' des Echten Lavendel ist etwas kleinwüchsiger und blüht rosa.

Wuchs Buschig verzweigter Halbstrauch, im unteren Bereich mit der Zeit verholzend, 30 bis 60 cm hoch
Blatt Immergrün, länglich, schmal mit eingerollten Blatträndern, silbrig-grau
Blüte Ähren mit blauvioletten Lippenblüten, von Juni bis September
Standort Sonnig; warme, trockene, durchlässige, etwas kalkhaltige Böden
Pflege Pflanzabstand etwa 30 x 30 cm, gelegentlich gießen und düngen, Staunässe vermeiden, Rückschnitt im Frühjahr bis in das alte Holz, ein Winterschutz ist bei rauem Klima zu empfehlen
Vermehrung Aussaat im Frühjahr, Stecklinge vor der Blüte
Ernte Junge Blätter während der gesamten Vegetationsperiode, Blütenstiele nach dem vollständigen Aufblühen
Verwendung Junge Blätter würzen (sparsam verwenden) Fisch- und Geflügelgerichte sowie Eintöpfe; Blüten: Können als Tee oder in Teemischungen bei Unruhe, Einschlafstörungen sowie bei Migräne helfen, werden zusammen mit Melisse und Hopfen in Schlaf- und Kräuterkissen verwendet, eignen sich als Garnierung von Süßspeisen oder zur Herstellung von Lavendelzucker; in Duftsäckchen verpackt auch wirksam gegen Motten

Kräuterzucker

Besonders beliebt ist Lavendel-, Veilchen- oder Pfefferminzzucker.

Die Kräuter müssen gesund und sauber geerntet und gut getrocknet sein. Frische Kräuter verklumpen den Zucker.

Die getrockneten Blüten oder Blätter werden zerbröselt oder gemörsert, im Verhältnis 1:5 mit dem Zucker gemischt und in verschließbare Gläser abgefüllt.

Jetzt muss das Gemisch einige Tage stehen bleiben, so wird das Aroma der Kräuter auf den Zucker übertragen.

Eignet sich zum Süßen von Tee, Backwaren und Desserts.

Thymian

Thymus vulgaris

Der Echte Thymian ist eine uralte Heilpflanze, deren Verwendung sich bis zu den Sumerern zurückverfolgen lässt. Der Name Thymian leitet sich aus dem griechischen Wort *thymos* ab und heißt so viel wie Mut, Kraft und Stärke. Thymian ist eine typische Pflanze des Mittelmeerraums und seine Verwendung hat eine sehr lange Tradition. Schon die Babylonier betrieben Anbau und Handel mit diesem Kraut und die alten Ägypter schworen auf die Kraft des Thymians. Sie nutzten das Kraut, um Harze zu parfümieren. Der griechischen Mythologie zufolge handelt es sich beim Thymian um die Tränen der schönen Helena und der Pflanze wurden magische Kräfte zugesagt. Das Kraut wurde zum Räuchern in Tempeln verwendet und half, übersinnliche Kräfte zu entwickeln. Natürlich war auch die Heilkraft des Thymians früh bekannt. Er wurde bei Asthma und Husten eingesetzt und auch in der Frauenheilkunde. In der nordischen Mythologie spielte der Thymian ebenfalls eine große Rolle, er war der Muttergöttin Freyja geweiht. Allerdings müssen wir davon ausgehen, dass hier von dem einheimischen Quendel (*Thymus serpyllum*) die Rede ist. Der Echte Thymian kam durch

Kriechenden Thymian gibt es in vielen Sorten. Er bildet Polster und wird als Duftmatte gepflanzt.

Mönche und Nonnen nach Mitteleuropa und wurde zuerst in Klostergärten angebaut. Mittelalterliche Kräuterbücher empfahlen Thymian bei Husten, Magen- und Darmproblemen und bei schlecht heilenden Wunden sowie zur Stärkung die Abwehrkräfte. Schon bald wurde das Kraut als „Antibiotikum für arme Leute" bezeichnet.

Heute ist der Thymian eine verbreitete Gartenpflanze, er wächst aber auch sehr gut im Topf oder Kübel. Besonders robust sind der Echte Thymian (*Thymus vulgaris*), der Zitronen-Thymian (*Thymus* x *citriodorus*) und der heimische Quendel.

Alle Thymianarten und deren Sorten brauchen warme, sonnige Plätze, egal ob im Garten oder auf dem Balkon. Der Boden muss durchlässig sein, im Topf oder Kübel wird die Pflanzerde daher mit Sand vermischt.

Wuchs Polsterbildend, 10 bis 40 cm hoch, im unteren Bereich verholzend
Blatt Immergrün, rundlich bis eiförmig, unterseits behaart
Blüte Juni bis September, weiß bis lila-rosa
Standort Sonnig; durchlässige, kalkhaltige Böden
Pflege Vorkultur ab März auf der Fensterbank oder Aussaat ins Beet nach den letzten Frösten im Mai, Pflanzabstand beträgt, abhängig von der Sorte, etwa 20 x 20 cm; gelegentlich wässern, kaum düngen, bei Bedarf im Frühjahr zurückschneiden
Vermehrung Durch Aussaat, Absenker oder Stecklinge
Ernte Bei Bedarf frische Triebe und Blätter; zum Anlegen von Wintervorräten das ganze Kraut zur Blütezeit schneiden, bündeln und trocknen
Verwendung Frisch oder getrocknet in kleinen Mengen zum Würzen von Fleisch- und Kartoffelgerichten, Suppen und Soßen; wirkt verdauungsfördernd; Tee hilft bei Entzündungen der oberen Luftwege

Zitronen-Thymian, hier 'Golden Dwarf', ist dekorativ und hat ein frisches zitroniges Aroma.

Mein Tipp

Thymian ist ein Halbstrauch, der im unteren Bereich verholzt. Nach der Ernte bleibt die Pflanze möglichst unberührt, um sich gut zu erholen. Ein gelegentlicher Rück- oder Formschnitt ist sinnvoll, aber nur vor dem Austrieb im Frühjahr.

008

Heilkräuter in Honig:
Thymian und Co. können als heilende Honige angesetzt werden.

Duftgeranie

Pelargonium spec.

Wuchs Buschiger Halbstrauch, teilweise überhängend, 50 bis 100 cm hoch, nicht frosthart

Blatt Meist eingeschnitten bis gelappt, oft stark behaart, verschiedene Duftrichtungen

Blüte Juni bis Oktober; in rosa, weißen oder violetten Dolden stehend, oft auch mehrfarbig

Standort Sonnig; durchlässige, nährstoffreiche, leichte Böden

Pflege Bei uns nur als Topfkultur möglich, gleichmäßig gießen und düngen, hell und frostfrei überwintern, Rückschnitt im Frühjahr

Vermehrung Stecklinge im Sommer

Ernte Blätter oder Blüten während der gesamten Vegetationsperiode

Verwendung Die Blätter eignen sich (sparsam verwenden) zum Aromatisieren von Süßspeisen und Getränken, die Blüten als Garnierung von Desserts

Katzenminze

Nepeta cataria

Wuchs Locker buschig, bis 100 cm hoch, mit herbem, zitronenartigem Duft

Blatt Oval und lang zugespitzt, grob gezähnt, graugrün

Blüte Juni bis September in rosaweißen Scheinquirlen

Standort Sonnig bis halbschattig; nahrhafte, durchlässige Böden

Pflege Pflanzenabstand ca. 40 x 40 cm; Rückschnitt aller Triebe nach dem ersten Blütenflor, um das Wachstum eines zweiten Blütenflors anzuregen

Vermehrung Aussaat im Frühjahr, Teilung nach der Blüte oder Stecklinge im Sommer

Ernte Junge Blätter während des ganzen Jahres, ganze Triebe zur Blütezeit

Verwendung Frisch oder getrocknet als Gewürz für Suppen und Soßen; die Blüten sind Bestandteil von Teemischungen

Nachtkerze

Oenothera biennis

Wuchs Horstig mit locker aufrechten Blütenstielen, 50 bis 100 cm hoch

Blatt Lanzettlich und zugespitzt

Blüte Von Juni bis August öffnen sich abends gelbe, becherförmige Einzelblüten mit süßlichem Duft

Standort Sonnig; alle Böden mit geringem bis normalem Nährstoffgehalt

Pflege Pflanzenabstand ca. 20 x 20 cm; wenig gießen und düngen, Rückschnitt nach der Blüte verhindert ein zu starkes Ausbreiten

Vermehrung Aussaat im Sommer; neigt zur Selbstaussaat

Ernte Blätter im ersten Jahr, Blüten im zweiten Jahr

Verwendung Frische Blätter für Salat, getrocknete Blätter als Tee; Blüten als essbare Dekoration auf Speisen, als Aufguss für Tee

Frucht-Salbei

Salvia dorisiana

Wuchs Buschig, straff aufrecht, 80 bis 150 cm hoch

Blatt Herzförmig zugespitzt, samtig behaart; fruchtig duftend

Blüte Rot-violett, in grazilen Rispen stehende Lippenblüten von August bis Oktober

Standort Sonnig bis halbschattig; nur für warme Plätze oder Topfkultur geeignet

Pflege Regelmäßig gießen und düngen; im Winter ausgraben und topfen; im Topf frostfrei und hell überwintern

Vermehrung Über Stecklinge im Sommer

Ernte Blätter im Sommer

Verwendung Frische Blätter zum Würzen von Süßspeisen und Sommergetränken, als Teekraut

Für Tee & frische Sommerdrinks

Blüten und Blätter zahlreicher Kräuter eignen sich perfekt zum Aromatisieren von Getränken. Egal, ob im Tee, als selbst angesetzte Limonade oder auch in Cocktails – Kräuter geben vielen Getränken erst den richtigen Pfiff. Doch bitte beachte: Für den Dauergebrauch sind nicht alle Kräuter geeignet. Setze stark wirksame Heilkräuter wie Salbei, Thymian, aber auch Kümmel und mentholhaltige Minzen als Tee nur sparsam ein. Maximal 3 Tassen pro Tag und am besten nicht länger als 14 Tage. Frucht-Salbei, Zitronengras oder Zitronenverbene hingegen kannst du unbedenklich über einen längeren Zeitraum hinweg verwenden.

Die Blätter des Pfirsich-Salbeis duften nach Pfirsich und Aprikose und ergeben einen süß-aromatisch schmeckenden Tee.

Sommerdrinks

Für eine Limonade werden frische Kräuter wie Melisse, Minze oder Zitronenverbene in ein Gefäß mit Wasser gegeben. Du benötigst etwa 6 gestrichene Esslöffel frische Kräuter für 1 Liter Wasser. Das Wasser bleibt über Nacht stehen, wird am nächsten Tag abgeseiht und nach Bedarf mit Zucker, Sirup, Zitronensaft oder Fruchtsaft ergänzt. Besonders erfrischend schmeckt es, wenn du gekühltes Mineralwasser hinzugibst.

Kräutertee

Einen Teeaufguss kannst du mit frischen oder getrockneten Kräutern zubereiten (Grundrezept siehe S. 28). Dabei ist ein Tee aus frischen Kräutern am intensivsten. Für den Haustee mit den (getrockneten) Kräutern aus dem Musterbeet ist das Rezept für 1 Liter Tee: je 1 Teelöffel Zitronengras, Zitronenverbene und Melisse, dazu kommen 2 Teelöffel Pfirsich-Salbei; den Tee nach Geschmack mit einigen Blättern Stevia süßen – verwendest du frische Pflanzen, so brauchst du jeweils die dreifache Menge.

Die Zitronenverbene ist ein Strauch mit krautigen Trieben. Sie ist perfekt geeignet für Tee und Limonaden.

Wasser lässt sich prima mit Kräutern wie z. B. Minze aromatisieren. Etwas Zitrone dazu, fertig ist das Sommergetränk.

Kräuter zum Aufgießen für Tee & frische Getränke

Die Kräuter in diesem Beet schmecken am intensivsten frisch und werden auch gern zu Haustees verarbeitet, die unbedenklich auch in größeren Mengen getrunken werden können. Teekräuter pflanzt du am besten in Reihen.

Kasten-/Beetfläche: 100 x 80 cm

Die 1. Reihe (links) bietet Platz für 3 x Stevia zum Süßen der Tees.

In der 2. Reihe folgen 4 x Pfirsich-Salbei.

In der 3. Reihe ist Platz für 2 Töpfe Zitronengras.

Die 4. Reihe ist für 3 Zitronenverbenen vorgesehen.

In der 5. Reihe folgen 4 x Pfirsich-Salbei.

Ganz rechts ist **in der 6. Reihe** Platz für 3 Pflanzen Melisse.

Minzen

Mentha spec.

Wohl kaum ein Kraut gibt es in so vielen Arten und Sorten wie die Minze. Es ist unglaublich, wie viele intensiv aromatische Düfte und unterschiedliche Geschmacksnoten es gibt und wie vielseitig Minze verwendet werden kann. Der Name Mentha stammt aus der griechischen Mythologie. Mentha wurde schon in der Bibel erwähnt. Allerdings ist dort wahrscheinlich die Rossminze (*Mentha longifolia*) gemeint, die am östlichen Mittelmeer heimisch ist. Hebräer und später auch Römer legten den Boden ihrer Tempel mit Minze aus, wohl als Symbol der Gastfreundschaft. Auch den Ägyptern war die Minze bekannt, sie wurde dem Pharao als Schutz für die Reise ins Jenseits mit in den Sarkophag gelegt. Auch die Ärzte der Antike kannten die Vorzüge der Minze, denn sie galt als appetitanregend und half gegen Kopfschmerzen. Bei uns war die echte Pfefferminze im Mittelalter noch nicht bekannt und in den Klostergärten wuchsen verschiedene Wildformen der Pflanze. Sie wurden bei Völlegefühl und zur Förderung der Verdauung eingesetzt. Schon damals wurde entdeckt, dass Minzen zur Bastardisierung neigen und dass die verschiedenen Arten nur sehr schwer auseinanderzuhalten sind. Heute hat sich der Anbau der Pfefferminze (*Mentha x piperita*) durchgesetzt, die durch eine zufällige Kreuzung der Grünen Minze (*Mentha spicata*) mit der Bachminze (*Mentha aquatica*) im 17. Jahrhundert in England entstanden ist. Im Laufe der Zeit wurde die Pfefferminze züchterisch bearbeitet und es entstand ein großes Sortiment an Kulturformen. Mittlerweile ist die Welt der Minzen völlig unübersichtlich und es gibt eine große Auswahl an Pflanzenformen und Geschmacksrichtungen. Unter guten Bedingungen neigt die Minze im Garten zum Wuchern und muss ab und zu reduziert werden; auch der Einsatz einer Rhizomsperre (siehe Kasten) lohnt sich.

Fruchtminzen, hier *Mentha arvensis* 'Banana', enthalten wenig Menthol und sind gut verträglich.

Die Schokominze eignet sich wegen ihres süßlichen Aromas auch als Zutat für frische Desserts, Kuchen und Eis.

Wuchs Dichtbuschig, Ausläufer treibend, 60 bis 80 cm hoch
Blatt Eiförmig bis elliptisch, dunkelgrün, teilweise rötlich überlaufen
Blüte Juli und August, rosa bis violett
Standort Sonnig bis halbschattig; nahrhafte, feuchte Böden
Pflege Regelmäßig gießen und düngen, Wurzeln gelegentlich reduzieren und/oder Rhizomsperre einbauen, alternativ Topfkultur, einige Sorten brauchen etwas Winterschutz
Vermehrung Viele der im Handel erhältlichen Formen sind steril und können deshalb nur durch Stecklinge oder Ausläufer vermehrt werden
Ernte Junge Blätter und Triebe werden bei Bedarf geerntet, zum Anlegen von Vorräten werden ganze oberirdische Pflanzenteile kurz vor der Blüte geschnitten, gebündelt und getrocknet
Verwendung Frische Minzeblätter kannst du je nach Art oder Sorte für die Zubereitung von Sommerdrinks, zum Würzen von Süßspeisen oder für Tee verwenden; Pfefferminztee ist auch ein beliebtes Hausmittel gegen Krämpfe, Blähungen und Verdauungsbeschwerden

Rhizomsperre setzen

Für die Kräuter, die sich rasch über Ausläufer ausbreiten, gibt es einen Trick: die Rhizomsperre.

Du brauchst einen Maurerkübel oder größeren Pflanztopf aus Kunststoff.

Schneide den Boden aus dem runden Gefäß heraus.

Dann hebst du das Pflanzloch in der passenden Größe für den Kübel aus.

Bei Kräutern, die auch gern oberirdisch Ausläufer bilden, setze den Kübel so tief, dass ca. 5–7 cm über der Beetoberfläche stehenbleiben.

Danach kannst du das Kraut direkt in das Gefäß einpflanzen.

Echter Salbei

Salvia officinalis

Wuchs Breitbuschig, im unteren Bereich verholzend, 40 bis 60 cm hoch

Blatt Elliptisch bis eiförmig, derb, graugrün, filzig

Blüte Juni bis August, hell violett-blau in Scheinquirlen

Standort Sonnig; durchlässige, kalkhaltige Böden

Pflege Aussaat mit Vorkultur im Frühjahr, Pflanzabstand 40 x 40 cm; in ungünstigen Lagen ist ausreichender Winterschutz erforderlich

Vermehrung Aussaat im Frühjahr, Absenker oder Stecklinge im Sommer

Ernte Junge Blätter laufend; krautige Triebspitzen vor der Blüte zum Anlegen von Vorräten ernten, bündeln und trocknen

Verwendung Leicht bitterer, dominanter Geschmack – fein gehackte junge Blätter zum Würzen von Fisch, Geflügel, Gemüse und Suppen; frisch und getrocknet als Tee

Zitronenmelisse

Melissa officinalis

Wuchs Dichtbuschig und verzweigt, bis 100 cm hoch

Blatt Eiförmig, gleichmäßig gezähnt

Blüte Juni bis August, rosa-weiß, achselständig

Standort Sonnig; gut durchlässige, nahrhafte, frische Böden

Pflege Wenig gießen, gelegentlich düngen; Fruchtstände rechtzeitig abschneiden, um Selbstaussaat zu vermeiden; Rückschnitt im Frühjahr oder Herbst

Vermehrung Durch Aussaat im Frühjahr, Stecklinge im Sommer oder Teilung des Wurzelstocks im Herbst

Ernte Vor der Blüte junge Blätter und Triebspitzen bei Bedarf ernten und frisch verwenden

Verwendung Frische Melisseblätter verbessern den Geschmack von Salaten, Soßen, Süßspeisen und Fischgerichten; frische Blätter und Triebspitzen als Tee

Gewürz-Fenchel

Foeniculum vulgare

Wuchs Rosettig mit aufrechten Blütentrieben, im oberen Teil verzweigt, 80 bis 200 cm hoch

Blatt Sehr fein gefiedert

Blüte Juli bis September in gelben Dolden

Standort Sonnig; tiefgründige, nahrhafte, kalkhaltige, feuchte Böden

Pflege Im Frühjahr im Saatbeet in Reihen aussäen, im Frühjahr des zweiten Jahres auf einen Abstand von 40 x 60 cm verpflanzen; reichlich gießen, wenig düngen

Vermehrung Aussaat im Frühjahr, Wurzelteilung im Herbst

Ernte Einzelne junge Blätter laufend; im Spätsommer die Dolden mit den reifen Samen abschneiden und zum Trocknen auslegen

Verwendung Fenchelsamen eignen sich getrocknet für Tee; die frischen Blätter zum Würzen von Salaten, Fisch und Soßen

Echte Kamille

Matricaria recutita

Wuchs Locker buschig mit aufrechten, verzweigten Blütenstielen, bis 50 cm hoch

Blatt Fein gefiedert

Blüte Juni und Juli, Körbchenblüten mit gelben Röhrenblüten in der Mitte und weißen Zungenblüten am Rand, hohler Blütenboden

Standort Sonnig; humusreiche, leicht lehmige Böden

Pflege Breitwürfige Freilandaussaat im April, regelmäßig gießen und düngen

Vermehrung Aussaat

Ernte Blütenköpfchen während des ganzen Sommers, schonend trocknen

Verwendung Teeaufguss aus den frischen oder getrockneten Blüten; Vorsicht: Kamillentee ist nicht zum Dauergebrauch geeignet; der häufige Umgang mit getrockneten Kamillenblüten kann Allergien auslösen

Kümmel

Carum carvi

Wuchs Rosettig, Blütentriebe aufrecht, verzweigt, bis 120 cm hoch

Blatt Wintergrün, zwei- bis dreifach gefiedert

Blüte Mai bis Juli, weiß in Dolden

Standort Sonnig bis halbschattig; nahrhafte, nicht zu trockene Böden

Pflege Im Frühjahr oder Spätsommer direkt ins Beet säen, später auf 30 bis 35 cm Reihenabstand vereinzeln; hoher Wasser- und Nährstoffbedarf

Vermehrung Aussaat (Lichtkeimer)

Ernte Im ersten Jahr können nur die jungen Blätter geerntet werden, im zweiten die reifen Samen

Verwendung Junge Blätter werden genau wie Blüten zum Würzen von Salaten verwendet; getrocknete Samen als Tee oder als Gewürz von Fleischgerichten, Kohl, Käse oder Quark

Zitronengras

Cymbopogon citratus

Wuchs Mehrjährig, horstig, bis 120 cm hoch

Blatt Länglich, rau, nach Zitrone duftend, graugrün

Blüte Blüht als Kulturpflanze nicht

Standort Sonnig bis halbschattig; humoser, durchlässiger Boden

Pflege Bei uns nur als Topfkultur möglich; gleichmäßig feucht halten und regelmäßig düngen, Staunässe vermeiden und die Pflanze nicht dem Regen aussetzen; hell und kühl überwintern

Vermehrung Wurzelteilung

Ernte Blätter bei Bedarf

Verwendung Beliebtes Gewürz in der asiatischen Küche und Bestandteil verschiedener Currygerichte; der Tee erfrischt an warmen Sommertagen

Anis

Pimpinella anisum

Wuchs Rosettig, Blütentriebe aufrecht, 30 bis 50 cm hoch

Blatt Grundblätter ungeteilt, mittlere mehrfach gefiedert, obere dreiteilig

Blüte Juni bis Juli, weiß in Dolden

Standort Sonnig; durchlässige, nahrhafte, leichte Böden in geschützter Lage

Pflege Wenig gießen und düngen, gelegentlich kalken

Vermehrung Aussaat in den schon erwärmten Boden

Ernte Blätter und Blüten stets frisch; Früchte, sobald sie braun werden

Verwendung Junge Blätter werden zum Würzen von Salaten verwendet, Blüten als Deko; getrocknete Samen zum Backen, für Tee oder als Gewürz von Suppen, Soßen oder Currymischungen

Zitronenverbene

Aloysia triphylla

Wuchs Frostempfindlicher Strauch, aufrecht, im großen Topf bis 150 cm hoch

Blatt Schmal-lanzettlich, zugespitzt, zitronig duftend

Blüte August, kleine weiße Blütenrispen, duftend

Standort Sonnig, windgeschützt; nahrhaftes, humoses Substrat

Pflege Wächst bei uns nur als Kübelpflanze; muss hell und kühl überwintern, im Frühjahr stark zurückschneiden, den Sommer über gleichmäßig feucht halten und regelmäßig düngen

Vermehrung Durch Stecklinge oder Absenker im Sommer

Ernte Blätter und Blüten während des ganzen Sommers

Verwendung Frische oder getrocknete Blätter und Blüten für Erfrischungs- und Entspannungstee oder zum Aromatisieren von Getränken, Süßspeisen und Gebäck

Kräuter trocknen

Viele Möglichkeiten

Sträuße trocknen

Zerkleinern und abfüllen

Blätter einzeln trocknen

Ideal zum Trocknen von Kräutern ist eine Temperatur von 38 °C. Geeignete Trockenräume sind wenig isolierte Dachböden, Gartenhäuser oder Schuppen. Wichtig ist, dass sich der Raum im Sommer gut aufheizt und auch gelüftet werden kann.

Erntegut vorbereiten

Ernte die Kräuter am besten dann, wenn sie besonders aromatisch sind. Entferne vergilbte Blätter, verblühte Blüten und sortiere unreife Früchte aus. Zum Trocknen ganzer Kräuter binde mehrere einzelne Stiele zu Sträußen zusammen. Mochtest du einzelne Blüten, große Blätter oder Fruchtstände trocknen, zupfe diese vorsichtig von den Stielen und lege sie nebeneinander auf Papier aus – die Pflanzenteile sollten sich dabei nicht berühren.

Mein Tipp

Getrocknete Kräuter bleiben lange haltbar, wenn sie gut gelagert sind. Du kannst sie bis zur Ernte im Folgejahr verwenden. Spätestens dann sollten deine Vorräte verbraucht sein oder du tauschst sie gegen frisch getrocknete Kräuter aus.

Warm und luftig

Die Kräuter auf dem Papier legst du in gut durchlüftete Regale. Die einzelnen Sträuße werden mit den Triebspitzen nach unten aufgehängt. Sie dürfen nicht zu dicht hängen, denn zum schnellen Trocknen muss die Luft zirkulieren können. Nach einigen Tagen, je nach Temperatur im Trockenraum, sind die meisten Kräuter bereits durchgetrocknet. Man kann es daran erkennen, dass sie beim Anfassen knistern.

Geschützt aufbewahren

Wenn die Kräutersträuße trocken sind, werden die Blätter (und Blüten) von den Stängeln abgestreift und zerbröselt. Größere Blätter oder einzelne Blüten werden aus dem Trockenregal genommen und ebenfalls zerbröselt. Von den trockenen Fruchtständen werden die Samen abgestreift und zusammengesammelt. Alle durchgetrockneten Kräuter werden in saubere, luftdichte, lichtundurchlässige Gefäße verpackt. So bleiben sie über mehrere Monate haltbar.

Weitere Informationen, Bezugsquellen

Online

Nützliche Internetadressen und Bezugsquellen für Kräuterpflanzen und Saatgut

blumenschule-schongau.de
Naturland-Gärtnerei, Duft- und Teepflanzen, Heilpflanzen, Kräuter und Gewürze, Stauden, Gemüse, Saatgut, Veranstaltungen, Seminare

bio-kraeuter.de
Bio-Gärtnerei im Allgäu mit großem Kräuter-, Gemüse- und Blumensortiment und Sämereien

dreschflegel-saatgut.de
Bio-Saatgut: Gemüse, Heil- und Gewürzkräuter, Blumen, alte Arten und Sorten

helenion.de
700 Kräuter, Heil-, Tee-, Duft- und Würzpflanzen

herb-s.de
Bioland-Kräutergärtnerei und Pflanzenversand, Gartenschule

hof-berggarten.de
Bioland-Gärtnerei, Küchen- und Heilkräuter, Stauden und Sämereien für naturnahe Gärten, Schaugarten

kraeuter-und-duftpflanzen.de
1300 Kräuterarten und -Sorten, Seminare

gaissmayer.de
Bioland-Gärtnerei mit über 3000 Arten und Sorten von Stauden, Kräutern, Duftpflanzen, Raritäten

syringa-samen.de
Bio-Gärtnerei mit Duftpflanzen, Kräutern, Blumenzwiebeln, Gemüse, Schaugarten, Veranstaltungen

Bücher, eBooks

Zum Weiterlesen

Bohne, Burkhard:
Kräuter – Das Praxis-Handbuch. Kosmos
Kräuterwissen aus alter Zeit. Kosmos
Kräuter im Hochbeet. Kosmos
Nachhaltig gärtnern. GU
Die Botschaft der Pflanzen. Rowohlt

Schönfelder, Ingrid u. Peter:
Der Kosmos Heilpflanzenführer. Kosmos

Register

Fette Zahlen verweisen auf die Porträtseiten

Bildnachweis

Mit 135 Farbfotos von **Adobe Stock (75):** /Alusha, 29 o.li., 88 o.li.; /annabell2012, 55 o.; /Aybars, 88 u.; /bennytrapp, 69 li.; /Carina Hansen, 41 (Nr. 1); /Christian Palent, 71 o.re.; /Christine, 70; /Cyrustr, 87 li.; /Dana, 78 li.; /David Kreuzberg, 21; /EAStevens, 84 li.; /Edgars, 59 re.; /ela110, 56 li.; /eurobanks, 17 li.; /EVGENIY, 25 o.re.; /Fotografie-Schmidt, 39 o.re.; /FotoHelin, 41; /fotokate, 11 o.re.; /fuen30, 67 li.; /fusssergei, 37; /gabort, 26 u.li.; /gerald, 62; /Grigoriy Lukyanov, 58 li.; /Ingo Bartussek, 33; /IngridHS, 49 li.; /Iryna_B, 26 u.re.; /ji_images, 81 o.re.; /JoannaTkaczuk, 51 li.; /JuergenL., 85 re.; /Kannapat, 19 re.; /Kitty, 63 o.re.; /LianeM, 45 o.re.; /Liudmila, 79 li.; /madhourse, 52 o.; /Marina, 79 re.; /Marlon Bönisch, 48 re.; /Martin Erdniss, 25 u.li.; /Mary_AMM, 84 re.; /matka_Wariatka, 74; /Matthew J. Thomas, 44; /MNStudio, 11 u.; /Murphy44, 49 re.; /nahhan, 66 re.; /neillangan, 81 o.li.; /Oksix, 42/43; /olezzo, 26 o.; /Pawel, 7; /Peredniankina, 6; /Perovskia, 59 li.; /Petrrgoskov, 29 o.re.; /Philippe paternolli, 25 o.li.; /photosbysabkapl, 29 u.; /Pixelmixel, 54; /posh, 16; /qwartm, 46; /Reena, 13; /reif.dk, 48 li.; /ReNi, 18; /Ruckszio, 66 li., 80; /Sahil Ghosh, 86 li.; /sever180, 68 re.; /Shaiith, 11 o.li.; /Shaploff, 34; /skymoon13, 57 re., 58 re.; /sovv, 50 re.; /StefanieBaum, 71 o.li.; /Tim HvW, 86 re.; /UliaKochenkova, 28; /Valery Kleymenov, 45 o.li.; /valya82, 63 o.li.; /Venars.original, 25 u.re.; /wasnoch, 87 re.; **Burkhard Bohne (14):** 9 re., 61 (Nr. 1a-g), 64 (beide), 68 li., 69 re., 75 (beide); **Anja Flehmig (5):** 8, 47 (Nr. 2-4), 61 (Nr. 3); **Flora Press (10):** /Christine Ann Föll, 88 o.re.; /Cosma Ahrens, 60; /Daniela Kunze, 36; /Edition Phönix, 9 li.; /Martin Hughes-Jones, 77; /Melli Freudenberg, 53; /Ruth de Boer, 72 (alle drei); /Sibylle Pietrek, 10; **GAP Photos (10):** 19 li., 32, 35; /Benedikt Dittli, 96; /Graham Strong, 78 re.; /Hanneke Reijbroek, 30/31; /Jacqui Dracup, 52 u.re.; /Robert Mabic, 3; /Tim Gainey, 82; /Tommy Tonsberg, 76; **Gartenbildagentur Friedrich Strauss (6):** /Didillon, Frédéric, 52 u.li.; /Strauss, Friedrich, 14 (alle drei); /VisionsPictures, 4/5, 17 re.; **Klaus Jost (1):** 61 (Nr. 2); **Kerstin Mumm (13):** 20, 23 o.li., 23 o.re., 39 o.li., 39 u., 40, 50 li., 51 re., 56 re., 57 li., 67 re., 83, 85 li.; **Annette Timmermann (1):** 22

Mit 11 Illustrationen von **Hanna Wenzel** Illustration & Design

Impressum

Umschlaggestaltung von GRAMISCI Editorialdesign/Stefanie Wawer unter Verwendung von 14 Farbfotos von: GAP Photos/Robert Mabic (Umschlagvorderseite), Adobe Stock/iMarzi (Umschlagrückseite), GAP Photos (vordere Außenklappe), Flora Press/Meyer-Rebentisch (hinten innen Nr. 1), Adobe Stock/coco (hinten innen Nr. 2), /Laurenx (hinten innen Nr. 3), /Lapasmile (hinten innen Nr. 4), /Iryna_B (hinten innen Nr. 5), /Marta Jonina (vorne innen, o.li.), /Marina (vorne innen o.Mi.), /hjschneider (vorne innen o.re.), /Starover Sibiriak (vorne innen u.li.), /nolonely (vorne innen u.Mi.), /Olga Miltsova (vorne innen u.re.).

Mit 149 Farbfotos und 11 Farbzeichnungen.

Gedruckt auf chlorfrei gebleichtem Papier

ISBN 978-3-440-17951-2
Redaktion: Anja Flehmig
Gestaltungskonzept: GRAMISCI Editorialdesign/Claudia Geffert
Gestaltung und Satz: Daniela Petrini, A-Reutte
Produktion: Klaus Jost
Druck und Bindung: Westermann Druck Zwickau GmbH, Zwickau
Printed in Germany / Imprimé en Allemagne

FSC
www.fsc.org
MIX
Papier | Fördert gute Waldnutzung
FSC® C110508

Zum Weiterlesen
—— von Burkhard Bohne

240 Seiten

Kräuter bedeuten Aroma und Genuss pur! Wer jenseits von Petersilie und Rosmarin Kräuter sucht, die im Garten, Topf oder unter Glas gedeihen, hält mit diesem Buch einen wahren Schatz in den Händen! Kräuterexperte Burkhard Bohne hat sein immenses Wissen und seine jahrzehntelange Erfahrung in dieses Praxishandbuch einfließen lassen. Angefangen bei der optimalen Gestaltung eines Kräutergartens über Anbau, Pflege, Ernte und Verwendung bis hin zu 500 Porträts von Küchenkräutern, Gewürzen und Heilpflanzen aus aller Welt bleibt hier keine Frage unbeantwortet. Aktuell, umfassend, unverzichtbar!

Dieser hochwertig gestaltete Band lädt ein zu einer Reise durch die Jahrhunderte des Kräuteranbaus: von den Kräuterrezepten der alten Ägypter und Römer über die Klostermedizin des Mittelalters bis zu vergessenen Heilpflanzen aus Pfarr- und Apothekergärten. 43 ausführliche Pflanzenporträts vermitteln neben botanischem Wissen auch Interessantes aus Brauchtum und Geschichte sowie Tipps zum Anbau im eigenen Garten. Traditionelle Rezepte für Bäder, Salben, Tees, Liköre und Wein sind heute wertvoller denn je und bieten viele Anregungen für Gesundes und Leckeres aus der Kräuterküche.

208 Seiten

kosmos.de